U0819559

物联网产业

——产业转型升级的新动能

周晓世　金敏力　著

中国财经出版传媒集团
中国财政经济出版社

图书在版编目（CIP）数据

物联网产业：产业转型升级的新动能／周晓世，金敏力著．—北京：中国财政经济出版社，2019.9

ISBN 978-7-5095-9243-4

Ⅰ．①物…　Ⅱ．①周…②金…　Ⅲ．①互联网络-应用-产业发展②智能技术-应用-产业发展　Ⅳ．①F416.67

中国版本图书馆CIP数据核字（2019）第197525号

责任编辑：王　丽　　　　　　　责任校对：李　丽

封面设计：陈宇琰

中国财政经济出版社出版

URL：http：//www.cfeph.cn

E-mail：cfeph@cfeph.cn

社址：北京市海淀区阜成路甲28号　邮政编码：100142

营销中心电话：010-88191537

北京财经印刷厂印刷　各地新华书店经销

710×1000毫米　16开　15印张　212 000字

2019年9月第1版　2019年9月北京第1次印刷

定价：65.00元

ISBN 978-7-5095-9243-4

（图书出现印装问题，本社负责调换）

本社质量投诉电话：010-88190744

打击盗版举报热线：010-88191661　QQ：2242791300

前　言

2009年被认为是中国的物联网元年，时任国务院总理的温家宝同志提出了“感知中国”的物联网发展意见。在一段时间内，物联网产业的发展似乎比其技术的发展更有动力，但是效果却没有预测的那么乐观。一个突出问题是“碎片化”，比如物联网网关及接口技术，终端、芯片性能，操作系统等方面存在不统一、衔接难、不兼容的情况。这样，应用对象就难以链接到网上来，网络的服务就难以与实际需要对接，自然就影响物联网应用范围，联网产业发展也会受到影响。著名的物联网专家、中国工程院院士邬贺铨先生在2016年接受《瞭望》记者专访时谈到，物联网发展遇到的挑战包括信息技术与传统行业结合难，如果信息技术与传统行业缺少结合，就很难打开产业物联网的局面。

物联网技术领域中的“碎片化”问题影响很大，这个问题的症结在于技术标准的缺失。让人欣慰的是，中国的华为公司所主导的窄带物联网技术及相关技术标准进入了实施阶段，“碎片化”问题的解决指日可待。

相对于物联网技术的发展，物联网产业的发展也不是一帆风顺的，在一定程度上也存在认识上的“碎片化”。我们希望，借助这本书能够对消除“碎片”有所帮助，这也正是我们编著这本书的初衷。

本书的读者对象主要是从事产业政策、产业规划研究的人员，同时兼顾高校中学习物联网技术及产业相关专业的学生的学习需要。

本书共安排六章，各章内容简要说明如下：

第一章 物联网——实现智能社会的基础，力图对物联网作出概述性的说明，着重说明物联网的技术特征、基本功能和它的运行模式，进而帮助读者把握物联网在智能社会建设中的地位和作用。

第二章 物联网的支撑性技术，着重介绍物联网技术中识别感知技术的内容，介绍识别技术，以及感知技术的作用、分类及技术特征，进而帮助读者把握识别感知技术在物联网技术中的功能定位。

第三章 物联网的保障性技术，介绍对物联网运行具有保障作用的相关技术，重点是通信技术、平台运行技术，同时对物联网技术的一些重要发展作了介绍，这些内容有助于认识通信服务、运营服务、应用开发等技术在物联网技术中的地位和作用。

第四章 物联网与产业转型升级，从促进“两化融合”“互联网+”的角度来说明物联网的作用，重点阐述物联网在技术融合中的内在要求、物联网在技术融合中的作用，进而帮助读者把握物联网与产业转型升级的关系。

第五章 物联网产业发展的规划，是从培育和发展物联网产业的角度进行说明，重点说明物联网产业的构成和产业运行内在要求；产业发展的定位；产业发展的谋划。

第六章 物联网产业的产业政策与产业实践，着重介绍物联网产业的发展态势、产业政策和产业实践情况，并引用了调研案例以资借鉴，力图形成产业发展实践的参考。

本书编著过程中，参考了沈阳市哲学社会科学规划课题“沈阳市物联网产业发展策略研究（17019）”大量调研资料。调研资料的取得，得到了北京、沈阳、南京、无锡等市的经信委部门鼎力相助，北京大唐电信集团、南京国家信息产业园、无锡鸿山物联网小镇管委会等部门和单位也给予我们很多帮助。

本书付梓之前，沈阳理工大学研究生王榕、张渺、王维对全书进行了校对。

在此，我们对所得到的帮助、支持，由衷地表示谢意！

周晓世　金敏力

2019 年 7 月 5 日

目录

目录 Contents

第一章
物联网——实现智能社会的基础

物联网，从实验室走出来到今天只有不到20年的时间，而在这样短暂的时间里，它像一个光芒四射的明星，光亮难掩。2010年3月5日，全国人民代表大会第十一届第三次会议上的政府工作报告中，提出将物联网作为战略性新兴产业，并要大力培育发展。2017年度的政府工作报告再一次提出，要深入实施《中国制造2025》，加快大数据、云计算、物联网应用。近来有评价认为①，中美摩擦不断，反映了美国对能否占据未来制造业，特别是智能制造的产业高地的忧虑，对《中国制造2025》的忌惮，尤其是忌惮中国的工业物联网战略。

为什么物联网如此重要，它在智能道路上扮演着什么角色？这就需要认识物联网的技术特征，认识其基本功能，认识它的运行模式。

---

① 水木然："华为事件背后：美国真正惧怕中国的，其实是这个……"［OL］. http：//www.xn－glr604k.com/home/index/article/id/11479.

第一节　物联网是什么

一、物联网离我们有多远

物联网对经济、产业的发展影响甚大。股票市场上，物联网概念股和物联网板块经常扮演搅动市场的角色。产业转型升级、“工业 4.0”“再工业化”，各家在搜索新的制高点、新的动力时，目光纷纷瞄向物联网。

其实，物联网这个“明星”离我们并不远，就在我们身边。

2014 年 3 月 8 日，马来西亚航空公司 MH370 航班飞机由吉隆坡国际机场起飞，飞往北京。凌晨，飞机失去联系，且并未收到失踪飞机的求救信号。飞机失联后，一场大搜救在相关海域展开。搜救活动组织十分低效，原因就是马来西亚空管部门难以提供准确的飞机航迹信息。关键时刻，飞机发动机制造商罗尔斯・罗伊斯（Rolls - Royce）公司提供了 MH370 航班飞机航迹信息，给搜救提供了方向。这个信息是由 MH370 飞机发动机与地面基站“握手”（PING）形成的记录，可以推测飞机航迹。罗尔斯・罗伊斯公司记录的飞机发动机与地面基站“握手”信息其实是“副产品”，由基站罗织起来的大网，其核心功能是发动机制造商实时了解发动机工作情况，并提供必要的使用、维护的咨询和控制。这是物联网的一个应用实例。

中国新闻网报道，首例 5G 远程人体手术完成距离 3 000 公里可植入脑起搏器。这是一则极具震撼力的消息，它是全球首例 5G 远程手术，跨越 3 000公里，它成功了！它是未来医疗的新方向！2019 年 3 月 16 日，中国移动、华为携手助力海南总医院，实施全国首例 5G 网络下远程人体手术，即针对帕金森病的“脑起搏器”植入手术。患者位于北京，而医生在海南，通过 5G 网络，医生实施了植入手术的远程操控，手术很成功。这不由得使人浮想未来，手术的远程操控来了，远程诊断、无人监护或智能监护也就不远了，有一天，我们会生活在包括诊、疗、药、养老等医政医务及相关服务构成的综合服务的环境中，这里有云医院、影像云，能够共享资源、共享信息，实现分级诊疗医保服务，跨地诊治，能够智能检测、跟踪、管理和服务。这就是智慧医疗的发展前景，它需要依靠物联网技术来帮助实现。

近年来，华为公司受到美国及其盟友的挤压，其中有国际政治的原因，也有经济、产业竞争的原因。从一定的角度分析，华为占据着“制高点”，这个优势可以帮助华为获得快速发展，更为难得的是这个优势还能够极大地促进制造业的转型升级，如何不招人忌惮。华为公司发展的很多技术，包括5G技术，是物联网的重要技术保障或技术基础，在促进制造业升级、促进智能制造发展上发挥着重要作用。在华为公司相关开发案例中，有很多是为智能制造提供升级服务的，如为ABB公司（中国）提供的服务——“ABB+华为，制造变‘智’造”，形成“感知—分析—执行”闭环，实现自动化到自主化演进。另外的一个案例，则显示出更为震撼的升级效果，华为公司与比亚迪公司合作对与汽车制造相关的系统进行了升级，改进了ERP、DMS、CRM、EWM等系统数据抽取（Business Warehouse，BW）技术，大大提高了汽车制造相关业务系统的运行效率（见表1－1）。

表1－1　比亚迪公司汽车制造业务管理系统升级效果

业务系统	升级前	升级后
BW数据抽取	4.5小时	1.5小时
DMS经销商管理系统查询	1分钟（常错）	6秒
EWM智能仓库管理系统物料输送	1小时	10分钟
ERP用户平均响应时间	1 200毫秒	600毫秒
ERP MM模块物料凭证查询	14分钟	4分钟
ERP SD模块月销售报表	1小时（常错）	1分38秒

2018年12月28日，我国的路政改革向前迈出一大步，江苏与山东，四川与重庆之间高速公路省界收费站正式取消。不少人对此感到振奋，原因就是这样的改革实践能够带来巨大的改革红利。这个改革红利就是显著地提

高通行效率，降低运输成本，降低高速公路管理、运营成本，还间接地促进节能减排。全国高速公路共有主线收费站700多个，如果降低高速公路运营成本，取消收费站，将节省4万～6万人的劳动力资源。通行效率的提高节约了运输及管理成本。取消川渝省界收费站后，以2017年川渝间年车流量3 200万辆计算，可减少燃油消耗约160万升，节约票据纸张1 600万张以上，减少污染物排放约100吨。物联网在支撑这样的改革和路网运营技术方面起到了关键性的作用。取消省界收费站，实际上是对不停车收费系统（ETC）功能的扩展，而这里的ETC恰是依赖物联网技术，如射频技术（RFID）、识别技术等来实现的。《物联网白皮书（2018年）》中介绍的情况也说明了物联网应用的广泛性。

环顾周围，物联网一展才华的场所几乎无处不在，包括共享单车、智能家居、智慧城市建设和管理等。

《物联网白皮书（2018年）》节选

……

二、物联网应用发展情况和特点

（一）全球物联网应用的整体情况

全球物联网应用出现三大主线。一是面向需求侧的消费性物联网，即物联网与移动互联网相融合的移动物联网，创新高度活跃，孕育出可穿戴设备、智能硬件、智能家居、车联网、健康养老等规模化的消费类应用。二是面向供给侧的生产性物联网，即物联网与工业、农业、能源等传统行业深度融合形成行业物联网，成为行业转型升级所需的基础设施和关键要素。三是智慧城市发展进入新阶段，基于物联网的城市立体化信息采集系统正加快构建，智慧城市成为物联网应用集成创新的综合平台。

从全球范围来看，产业物联网（包括生产性物联网和智慧城市物联网）与消费物联网基本同步发展，但双方的发展逻辑和驱动力量有所不同。消费物联网作为体验经济，会持续推出简洁、易用和对现有生活有实质性提升的产品来实现产业的发展；产业物联网作为价值经济，需以问题为导向，从解决工业、能源、交通、物流、医疗、教育等行业、企业最小的问题到实现企业变革转型之间各类大小不同的价值实现，即有可能做到物联网在企业中落地。据 GSMA Intelligence 预测，从 2017 年到 2025 年，产业物联网连接数将实现 4.7 倍的增长，消费物联网连接数将实现 2.5 倍的增长。

从国内来看，目前很多行业在政府相关政策驱动下，形成了相关行业物联网的刚性需求，促成物联网在这些行业的快速落地，典型的包括智慧城市中各类公共事务和安全类应用。当前阶段，政策驱动的物联网应用落地快于企业自发的物联网应用需求，而消费者自发的物联网需求总体慢于企业的自发需求。相对于海外其他市场，国内的物联网应用落地节奏差别很大，政策驱动型的物联网应用已远远快于海外市场。

（二）消费物联网应用热点迭起

消费物联网经历了单品、入口、交互等多个“风口”，通过数年来产业界的努力，物联网不再仅限于对家庭和个人提供消费升级的一些新产品，而是已经开始对人们的衣食住行等各方面产生作用，从一定程度上体现出物联网改变生活的效应。

智能音箱成为智能家居场景中最佳交互终端。与以往智能家居依靠手机、平板或面板的交互方式相比，智能音箱进一步解放……

二、物联网——从实验室走来

（一）物联网的产生

提到物联网起源，人们会不约而同地想到两个人，一个是比尔·盖茨（Bill Gates），一个是凯文·阿仕顿（Kevin Ashton），一个是在筑梦中“勾画”概念，一个是通过实验室催生新技术。

1995年，比尔·盖茨出版了他的《未来之路》，书中有这样的描述，“比如，当你走进机场大门时，你的袖珍个人计算机与机场的计算机相连就会证实你已经买了机票。开门你也无须用钥匙或磁卡，你的袖珍个人计算机会向控制锁的计算机证实你的身份。”熟悉吧，这样的场面似乎经历过。不错，就是当下借助智能手机、4G网络、识别技术等，我们常常见到的场景，而这样的场景，那时只能是梦，这个梦又是美好的，比尔·盖茨称它为“物联网”。不仅在梦中勾画蓝图，比尔·盖茨还搞起了“试点”，对自己位于美国西雅图的私家豪宅进行智能建筑和智能家居的试验。室外设有气象感知器，电脑可根据传感器对室内的温度和通风情况进行控制；室内所有的照明、温湿度、音响、防盗等具有系统测试感知，并可以根据需要由电脑进行调节，形成一个最佳的环境；房内的所有电气设备连接到一个中央系统家庭网络，通过感应实现自动开关，厨房内的设备都由这个系统控制；在卫生间里有一套健康监测系统，可以检测体温、血压、脉搏等人体的健康指标，当指标异常，系统会进行实时警报。此外，还有智能化的防灾、智慧园丁等功能，成为那时数字技术应用的标杆。为了逐梦，可以不计代价，豪宅修建从1990年开始，7年后完工，耗资1亿美元。

凯文·阿仕顿是对物联网技术诞生起到关键作用的那个人。1997年凯文·阿仕顿在宝洁公司（P&G）任职，常常思考的一个问题是怎样提高公司的物流和零售运营效率。他想到了RFID（Radio Frequency Identification）技术，即射频识别技术，他争取了宝洁公司和吉列公司的赞助，与麻省理工学院（MIT）教授Sanjay Sarma，Sunny Siu和研究员David Brock共同创立了一个RFID研究机构——自动识别中心（Auto - ID Center）。他本人出任这个中心的执行主任，中心的任务是研究在开放贸易环境下，提高贸易效率的实时识别和跟踪技术。

国际物品编码协会（EAN）和美国统一代码委员会（UCC）合作成立了EPCglobal这样一个非营利性服务机构，其根本职责是促进电子产品代码（Electronic Product Code，EPC）网络全球范围内安全高效地应用，制定和推广全球统一的标准。EPCglobal协调了5所顶尖的研究型大学的实验室参与相关事业，研究总部设在麻省理工学院的自动识别中心。2003年11月，自动识别中心更名为自动识别实验室，为EPCglobal提供技术支持。

物联网先行者

——凯文·阿仕顿（Kevin Ashton）

凯文·阿仕顿，英国人，1968年生，管理工程师。阿仕顿先生毕业于伦敦大学，先后在国际知名公司担任过业务总监、品牌经理、市场副总裁、总经理、执行总裁，1999~2003年在其创办的美国麻省理工学院自动识别中心（MIT Auto-ID Center）出任第一任中心主任，其后长期担任美国RFID Journal专栏作家。阿仕顿先生2009年6月发表了《“物联网”的理念》（That “Internet of Things” Thing）的文章，在领导自动识别中心的研究中，提出了物联网实现方式——“EPC编码+RFID+互联网”，从而成为物联网先行者，有人称之为“物联网之父”。

EPCglobal所发展的EPC网络，目的是完善和推广EPC的全球应用，进而提高贸易和物流运转效率。EPC技术的不断发展，加快了新技术的应用，即电子标签的射频识别（RFID）技术。RFID技术有两个技术优势：其一，RFID技术形成的电子标签信息量更大，可以实现单个产品的跟踪和追溯；其二，RFID技术与网络、电脑结合，可能使控制活动由自动化变为自主化。基于对这样特征的认识，凯文·阿仕顿提出了“物联网”概念，即“EPC编码+RFID+互联网”。一个带有电子标签的产品，电子标签中有这个产品的唯一编码，当这个产品走过物流，进入市场，成为消费者或生产者手中的用品和工具，它所经过的每一个环节不断有RFID设备将其身份信息“读”

出，再把相关信息传输到这个网上，计算机再形成进一步的指令，形成全自动的产品流动监测网络。这个网络不仅从根本上提高了产品生产、运输、仓储、销售各环节物品流动监控的管理效率，重要的是它可以提高智能化运行能力。“这是比互联网更大、为公司创造一种使用传感器识别世界各地商品的方法，是一个很大的问题。这将彻底改变人们以往从生产厂商到顾客，甚至是通过回收产品来跟踪产品的固有模式。”

EPC 网络是物联网最早的雏形，但今天的物联网的含义已经远远超出物流、贸易的范畴。凯文·阿仕顿提出物联网概念后，人们很快认识到它在智能化领域的价值，并开始重新定义它。凯文·阿仕顿指出：我们现在生活的世界是充满信息，应该是无法计算的爆炸性数据的世界，有这样或那样的数据，一切都在不断变化中……现在，我们要做的是给我们的电脑发布各种各样的传感，把所有的信息搜集起来进行整合。MIT 自动识别中心对物联网概念做了这样的阐述：要在计算机互联网的基础上，利用 RFID、无线传感器网络（WSN，Wireless Sensor Network）、数据通信等技术，构造一个覆盖世界上万事万物的物联网（IoT，Internet of Things），在这个网络中，物品（商品）能够彼此进行“交流”，而无须人的干预。2005 年 11 月，国际电信联盟（ITU，International Telecommunication Union）发布《互联网年度报告（2005）：物联网》（ITU Internet Reports 2005：The Interns of Things [R]. Tunis：World Summit on the Information Society（WSIS），2005.），指出物联网不再只是覆盖范围有限的基于 RFID 技术的物联网。

（二）物联网技术的快速崛起

物联网概念提出后，学术界和企业界很快意识到了它的生产力价值和产业前景，全球主要经济体的政府也纷纷开始谋划相关技术和产业的发展。

学术界和企业界的行动最快，互联网、通信技术、计算机系统开发等行业组织和相关标准化组织展开合作，研究并推出了物联网技术及运行的相关标准，这对物联网技术开发和运用提供了前提和保障（见表 1－2）。

表 1－2　　物联网标准制定情况

物联网标准应用领域	标准制定组织
整体框架	ITU－T，ISO/IECJTC1 WG7
互联网应用层	W3C，OASIS
通信网络 M2M 增强	3GPP，ETSI
无线传感器网络技术	IEEE，ZigBee
IPV6	IETF，IPSO
智能建筑、智能电表、家庭网关等应用	KNX，W－MBUS，HGI

在学术界和企业界的推动下，2009 年，欧盟委员会正式出台了全球首个物联网发展战略规划——《欧盟物联网行动计划》，从战略高度谋划了物联网技术研究方向路线图（见表 1－3）。

基于对物联网技术影响和价值的认识，国外重要经济体的政府纷纷开始布局物联网技术及产业的发展。

较早开始以物联网技术为基本支撑的物联网应用，是美国 IBM 公司策划的“智慧地球”项目，很快它成为美国的国家战略。美国在对过度追求虚拟经济发展进行冷静思考后，奥巴马政府非常重视物联网的战略地位，将“智慧地球”当成重振经济的法宝，将其提升为美国的国家战略。2008 年，在国家情报委员会（NIC）发表的《2025 对美国利益潜在影响的突破性技术》（President’s Council of Advisors on Science and Technology Leader－ship Under Challenge：Information Technology R&D in a Competitive World）报告中，将物联网列为六大突破性技术之一。与此同时，以思科、德州仪器（TI）、英特尔、高通、IBM、微软等企业为代表的产业界也在强化核心技术，纷纷加大投入用于物联网软硬件技术的研发及产业化。物联网已经开始在军事、工业、农业、环境监测、建筑、医疗、空间和海洋探索等领域投入应用。

表 1-3　　物联网研究方向路线图

研究领域	当前研究	今后方向
物体标识技术	适用于不同应用领域的 ID 标识方案分析	扩展 ID 标识概念、EMID（电磁识别）技术、后 EMID 技术
	统一全球物品标识及编码方案以及特例情况	唯一 ID 标识（物品 DNA）技术
体系架构	局域物联网（试点应用）实现千/百万事物互联	广域物联网（试验用户应用）实现数十亿事物互联
		物联网（全球范围应用，实现亿万事物互联）
通信网络技术	无线通信网络技术（如 ZigBee，RFID，Bluetooth）	网络化的 RFID 系统与其他单个或混合网络的互联
	网格、云网络以及混合网络	不间断服务通信网络系统
	互操作性（协议和频谱）	网络节点进化、消亡、再生
数据处理技术	网格计算、云计算，海量信息智能处理	自主计算
	分布式、节能高效数据存储	认知计算
安全和隐私	节能高效的安全算法	基于情景的安全激活算法
	低成本、安全和高效的安全认证设备	认知安全系统
标准化	RFID、M2M、WSN、H2H 标准	IoT 物体交互标准的采用
	隐私和安全标准	IoT 个性化设备标准的采用
	IoT 智能设备标准的采用	动态、不断进化的标准制定

2009 年 6 月，欧盟委员会正式提出了《欧盟物联网行动计划》。欧盟在 2010 年提出的《欧洲数字计划》已经将物联网作为重要平台之一，该计划提出的 100 项主要行动中有许多都要靠物联网来落实。同年 9 月发布的《欧盟物联网战略研究路线图》，提出欧盟到 2010 年、2015 年、2020 年三个阶段物联网研发路线图，并提出物联网在航空航天、汽车、医药、能源等 18 个主要应用领域，以及识别、数据处理、物联网架构等 12 个方面需要突破的关键技术领域。

日本提出所谓的“泛在网”（U－Japan）战略，明确了 4U 理念（Ubiquitous, Universal, User - oriented, Unique ，即无处不在，万物互联，用户导向，前所未有)，实现所有人与人、物与物、人与物之间的联系。2009年，日本发布中长期信息技术发展战略《i - Japan 战略 2015》，其目标是“实现以国民为中心的数字安心、活力社会”。i - Japan 战略描述了 2015 年日本的数字化社会蓝图，阐述了实现数字化社会的战略。该战略旨在通过打造数字化社会，参与解决全球性的重大问题，提升国家的竞争力，确保日本在全球的领先地位。

韩国则制定了 u - Korea 战略，大力推动信息技术与信息服务的发展。2014 年 5 月，韩国出版《物联网基本规划》。在规划中，韩国政府提出成为“超联数字革命领先国家”的战略远景，计划提升相关软件、设备、零件、传感器等技术竞争力，并培育一批能主导服务及产品创新的中小及中坚企业，同时通过物联网产品及服务的开发，打造安全、活跃的物联网发展平台，并推进政府内部及官民合作等，最终力争使韩国在物联网服务开发及运用领域成为全球领先的国家。

此外，新加坡公布了“智慧国 2015”大蓝图，德国、法国、澳大利亚等国家都开始了物联网的谋划和布局。

（三）物联网在中国的发展

1999 年美国麻省理工学院 Auto - ID 研究中心展开物联网研究不久，我国以中国工程院院士邬贺铨为代表的不少专家呼吁研究和运用物联网。

著名互联网专家邬贺铨

邬贺铨，中国工程院院士，广东番禺人，1943 年 1 月生。邬贺铨院士毕业于武汉邮电学院，先后任电信科学技术研究院副院长兼总工程师，大唐电信集团副总裁，中国工程院副院长，也担任过光纤传送网与宽带信息网专家，中国互

联网协会理事长。现兼任国家 863 计划监督委员会副主任、国家 973 计划专家顾问组成员、国家信息化专家组咨询委员会委员，是国内最早从事数字通信技术研究的骨干专家。

中国于 1999 年启动了物联网核心技术研究，技术研发水平并不落后，甚至在传感领域走在世界前列，与美国、德国、英国等一起成为“物联网”国际标准制度的主导国。2009 年 8 月，时任国务院总理的温家宝视察无锡开发区时提出“感知中国”的战略，其后，物联网被正式列为国家五大新兴战略性产业之一。近年来，全国各地纷纷出台物联网产业政策，武汉、天津、济南、青岛、无锡、苏州、南京、杭州、成都等超过 20 个城市设立物联网产业园区，北京、南京、无锡等城市还成立了产业联盟。

有影响的产业集聚区初步形成。“十二五”期间，我国推进新型工业化产业示范基地（物联网领域）建设的成效初步显现，无锡、重庆、杭州、福州成为全国物联网发展领先城市。从全国物联网产业空间分布来看，已初步形成分别以北京—天津、上海—无锡、深圳—广州、重庆—成都为核心的环渤海、长三角、珠三角、西部地区等四大区域集聚发展的产业空间格局。各产业集聚区相互独立、各有特色，汇聚一批具有全国影响力的龙头企业，产业链逐渐完善，研发机构和公共服务等配套体系基本完备。长三角地区作为我国经济发展龙头，在芯片、传感器等物联网产业的基础环节具有较强产业积淀。无锡截至 2015 年底列入统计的物联网企业达到 1 171 家，营业收入突破 1 688 亿元，增幅连续三年超过 30%。珠三角地区拥有远望谷、先施科技等一批物联网龙头企业，物联网产业规模领先全国。2014 年，广东省物联网产业规模已达 2 400 亿元，物联网相关企业达到 3 100 家左右。重庆市作为我国中西部地区物联网产业发展的主要代表，在软件、传感器、信息服务等领域发展迅猛，截至 2016 年，列入统计的物联网企业达 195 家，产业规模超过千亿元。

物联网平台技术快速发展。据中国信息通信研究院发布的《物联网白皮书（2016 年）》显示，截至 2016 年 6 月，知名的物联网平台数量已超过

360 个，据 IoT Analytics 估计，物联网平台开发规模将保持 33% 的增速。国际物联网平台有 IBM 的 Watson、亚马逊的 AWS、微软的 Azure，国内有百度 IoT 平台、阿里物联平台、QQ 物联、京东智能云、机智云等。互联网企业、电信运营商、通信设备商、传统行业企业中的领军企业纷纷入局，构建平台功能呈现全功能化、一体化的趋势，同时也会形成物联网平台之间的竞争。

产业规模持续高速增长。据《物联网分册》统计，2015 年底，我国物联网产业规模已达 7 500 亿元，整个“十二五”期间年均复合增长率达到 25%。我国机器到机器连接数突破 1 亿台，成为全球最大市场，占全球总量的 31%。“十三五”期间，我国物联网产业规模也将保持高速发展势头，预计 2017 年产业规模将达到万亿元。

凯文·阿仕顿

中国在网络技术方面目前是全球领先的位置，甚至可以排在第一位，之前一直认为美国是领军人物，现在事实已经证明中国才是这个行业中的领军人物。

当时我从麻省理工学院（MIT）来到中国时就发现这样的趋势……因为中国已经准备好了①。

三、我们应当怎样描述物联网

（一）物联网的技术特征

第四次工业革命的展开，物联网被寄予厚望。就像第一次工业革命的蒸汽技术，第二次工业革命的电力技术，第三次工业革命的信息技术，“互联网 +”的代表性技术——物联网，将成为新的工业革命的动力源。原因很简

① 李慧：“物联网之父、麻省理工学院执行董事凯文·艾什顿（Kevin Ashton）：物联网的昨天、今天和明天”，《金卡工程》，2016 年第 12 期。

单，这是由物联网的技术特征决定的，这个特征是融合性、开放性和智能性。

物联网的第一个技术特征是融合性。物联网具有很强的融合性，一个是技术体系内在融合性，体现在技术的融合上；另一个是技术的外在融合性，表现在与其他产业的融合上。前者的融合性好会有力促进技术协作，后者的融合性好则会有力促进产业协作。

物联网技术目前仍处于持续的发展演进过程，其概念、网络体系结构和技术标准随着相关研究、应用及各专业领域的不断深化而发展，这一过程也是物联网各领域技术不断融合的过程。《物联网标准化白皮书》指出，随着信息技术和通信技术的融合发展，物联网内涵和外延不断拓展（见图1－1）。白皮书这里阐释的，仅仅是信息技术与通信技术的融合情况，物联网技术发展的实践所展示的技术融合情况则更加广泛。

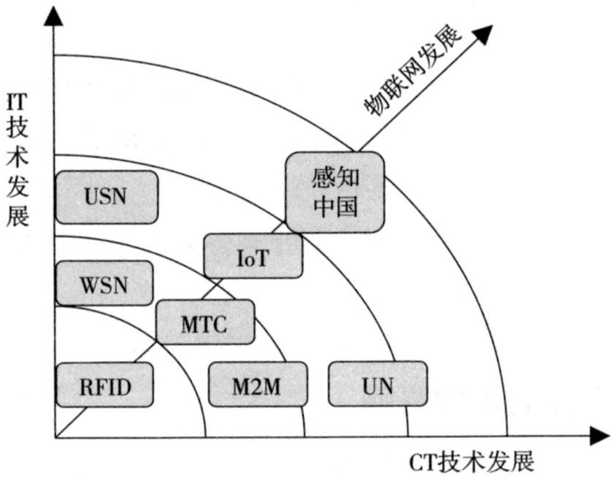

RFID：Radio Frequency Identification（射频识别）
WSN：Wireless Sensor Network（无线传感器网络）
MTC：Machine Type Communications（机器类型通信）
M2M：Machine-to-Machine/Man（机器与机器（或人）链接）
USN：Ubiquitous Sensor Network（泛在传感器网络）
UN：Ubiquitous Network（泛在网）
IoT：Internet of Things（物联网）

图1－1　物联网发展演进

物联网的外在融合性也表现不俗。物联网源自RFID、无线传感网，其后在商品销售及物流领域展开应用。时间不长，随着传感识别技术、IT技术、CT技术快速发展并深度融合，技术模式不断演进，技术快速迭代，包括WSN、M2M、USN、UN、MTC、CPS（Cyber Physical Systems）、IoT…，从而使物联网技术的应用面快速拓展。物联网技术出现不过20年，目前已经形成生产性服务业领域的应用、生活服务业领域的应用和城市建设及公共事业管理领域的应用，展现出物联网与相关行业融合能力的优越性。

生产性服务业领域的应用，形成与工业、农业、能源等传统行业的深度融合，包括技术研发、生产组织、产品营销等生产性服务的产业物联网应用，特别是生产领域促进了智能制造的无人工厂、智能机器人应用。近年来，物联网与传统行业技术的融合中，成为转型升级所需的基础设施和关键要素和新工业革命的重要驱动力。美国、德国等工业发达国家纷纷围绕工业4.0、智能制造等展开物联网的战略布局。

生活服务业领域的应用，物联网对生活服务业服务能力、服务方式的业态变革展现出极大的促进作用。技术融合新应用促进生活、消费服务能力的提高，可穿戴设备、智能家居、车联网不断发展。同时，技术应用还间接地促进了服务业态的优化变革，共享单车、智慧健康产业、智能理财、三网融合新模式…不断涌现。

城市建设及公共事业管理领域的应用。物联网以其特有的大数据、人工智能等技术优势，可以克服城市建设及公共事业管理工作中的信息孤岛效应，提高管理的精细化水平，因此物联网在城市建设及公共事业管理的应用方面有着广泛的“舞台”。目前，无人驾驶及智慧交通管理、智慧医疗管理、智能停车、高速公路不停车收费、智慧城管、智慧环保等形成了实践性应用。

物联网的第二个技术特征是开放性。物联网的开放性集中体现为网络开放性和结构开放性。

网络开放性，体现为物联网环境链接能力的网络系统特征。物联网具有很强的外向的环境链接能力，它传承互联网的“基因”，互联、互通是必然表现。物联网与泛在网存在很大的交集，或者说泛在网是立足于物联网的技术。泛在网语义就是广泛存在的，无所不在（Ubiquitous）的网络。物联网先行者凯文·阿仕顿在描述物联网概念时也强调其万物互联、智能运行的特征。物联网应用的实践也表明其具有优越的环境链接能力，只有这样才能万物互联，信息渠道畅通。

结构开放性，表现为物联网构成体系之间链接能力的网络结构特征。如前面所述，物联网基本构成体系包括感知技术、应用开发、通信服务和运营服务这四个板块，他们之间也需要进行必要的联通和信息传递。这四个体系分别具有不同的网络系统特征，有明显的异构性，他们之间联系必然要求“和而不同”，多样性的统一。这样，物联网结构体系中不是采用中央控制式网络体系，而是采用分布式的网络体系，便成为合理机制。这也是为什么“区块链”这个优化分布连接的技术很快为物联网所融合的原因。分布式链接以及与之相适应的信息包切换的信息传递，形成了节点性网络格局，即形成了开放型结构。网络各结构体系既功能独立，又普遍联系；接口、网关协议保障了网络信息传递顺畅。

物联网的网络开放性、结构开放性具有非常积极的作用。第一，开放性技术特征能够有效地消除“信息孤岛”效应。消除数据孤岛，优化解决信息不对称、信息冗余问题；消除系统孤岛，解决系统难以互联问题；消除业务孤岛，解决业务难以互通问题。第二，开放性技术特征能够促进提高网络融合能力。物联网与用户业务融合能力关键取决于网络体系运行效率，用户需求纵然千变万化，只要网络体系不存在互联互通的障碍，物联网技术一定能够迭代到满足用户需求，从而实现万物互联。第三，开放性技术特征能够提高技术协同创新能力。物联网技术的发展有一个突出的现象，即技术更新迭代十分迅速，其中一个重要的原因是其具有开放性技术特征。开放性技术特征使感知技术、应用开发、通信服务和运营服务等网络体系间异构互通，从而促进了技术进步的联动，即提高了技术体系的内在融合性。

物联网的第三个技术特征是智能性。智能，是思维能力，属于大脑活动的心理学范畴的概念。智能化是指让某些非生物体，如机器、设备、系统等具有某种大脑活动的能力，形成一定的自适应、自组织、自学习和自协调能力，进而自主地实现其预定目标的一个过程。物联网具有智能性特征，是因为物联网技术对自适应、自学习、自组织和自协调方法形成了极大的完善，这就是智能控制的基础。K. J. 奥斯托罗姆（瑞典）认为：把人类具有的直觉推理和试凑法等智能加以形式化或机器模拟，并用于控制系统的分析与设计中，使之在一定程度上实现控制系统的智能化，这就是智能控制①。

智能化是智能控制的实现过程，智能控制源自自动控制，是自动控制的高级化，自学习和自适应方法的研究和发展目的就是解决控制模型不确定的系统问题，如模式识别和学习方法等。物联网在识别技术、云计算、大数据方面的技术突破，促进了自学习和自适应能力的提高；物联网的异构性及系统开放型，促进了总体寻优模型的优化，提高了自组织、自协调能力。

如果我们将自动控制看作程序控制，智能控制则是自主控制或自主行动。在这个过程中，物联网能够提供感知识别技术，对服务对象形成自主的可识别、可访问，能够提供迅捷的网络服务，实现低延时信息传递，能够提供优化的模型计算服务，实现虚拟的行动信息，能够提供异构协同的网关及接口服务，实现对于服务对象的操作。

IBM 的“智慧地球”

IBM 于 2008 年提出“智慧地球”的概念。

IBM 认为建设智慧的地球需要三个步骤：第一，各种创新的感应科技开始被嵌入各种物体和设施中，从而使物质世界极大程度地实现数据化；第二，随着网络的高度发达，人、数据和各种事物都将以小同的方式联入网络；第三，先进的技术和超级计算机则可以对这些堆积如山的数据进行整理、加工和分析，将生硬的数据转化成实实在在的洞察，并帮助人们做出正确的行动决策。同时，IBM 提出将在六大领域建立智慧行动方案，分别是智慧的电力、智慧的医疗、智慧的城市、智慧的交通、智慧的供应链、智慧的银行②。

① 姜长生等编著：《智能控制与应用》，科学出版社 2007 年版。

② 钟书华：“物联网演义（三）——IBM 的‘智慧地球’”，《物联网技术》，2012 年第 2 期。

（二）物联网的内涵

物联网具有其独特的技术特征，同时它的运行也一定要具有感知技术、应用开发、通信服务和运营服务等功能。那么，物联网的概念如何界定呢?这需要对它有一个基本的描述。

第一，物联网是基于互联网的网络体系，由感知技术、应用开发、通信服务和运营服务体系构成。

第二，物联网提供了对服务对象的感知、识别功能，保证系统运转的软硬件支持功能，网络信息传递服务功能，职能控制的虚拟信息优化计算功能。

第三，物联网具有融合性，开放性和智能性技术特征。

【物联网概念 1】

——国际电信联盟（ITU Internet reports 2005 – the Internet of things）提出

物联网使我们在信息与通信技术的世界里获得一个新的沟通维度，将任何时间、任何地点、连接任何人，扩展到连接任何物品，万物的连接就形成了物联网。

【物联网概念 2】

——欧洲物联网研究总体协调组（IoT European Research Cluster, IERC）提出

物联网是未来网络的整合部分，它是以标准、互通的通信协议为基础，具有自我配置能力的全球性动态网络设施。在这个网络中，所有实质和虚拟的物品都有特定的编码和物理特性，通过智能界面无缝链接，实现信息共享。

【物联网概念 3】

——2010 年《政府工作报告》提出

物联网指通过信息传感设备，按照约定的协议，把任何物品与互联网连接起来，进行信息交换和通信，以实现智能化识别、定位、跟踪、监控和管理的一种网络。它是在互联网基础上延伸和扩展的网络。

【物联网概念 4】

——欧盟执委会发布的“Internet of things—an action plan for Europe”提出

由具有标识、虚拟个性的物体/对象所组成的网络，这些标识和个性运行在智能空间，使用智慧的接口与用户、社会和环境的上下文进行连接和通信。

第二节 物联网的基本功能

一、智能社会对物联网技术的需求

目前对智能化趋势的重视已经从社会层面上升到了国家层面。美国白宫科技政策办公室于 2016 年连续发布了三份人工智能战略报告，分别是《为未来人工智能做好准备》《国家人工智能研究与发展策略规划》和《人工智能、自动化与经济》。英国在 2016 年底发布了关于人工智能未来机遇和决策影响的报告，提出英国应该加快在人工智能上的发展。法国在 2017 年 4 月制定了人工智能战略。同年 5 月，德国颁布了全球第一个自动驾驶的法律，以迎接无人驾驶汽车的上路。日本的总务省、文科省、经产省建立了三省联动机制，准备瞄准生产力、健康医疗和护理、交通物流及跨领域安全四个领域进行人工智能研究。

我国同样对智能化趋势给予了高度关注。党的十八大以来，面对新一轮科技革命和产业变革形势，党中央和国务院从国家层面对人工智能发展进行了统筹规划和顶层设计，提出了建设世界主要人工智能创新中心的发展目标，发布了《新一代人工智能发展规划》，制定和实施了人工智能发展国家战略，在人工智能科技创新体系、智能经济、智能社会、军民融合、智能化基础设施、重大科技项目等方面做出系统部署。党的十九大报告进一步提出，要推动互联网、大数据、人工智能和实体经济深度融合。在人工智能这一轮技术爆发中，我国被认为同科技发达国家站在了同一起跑线上。

国家智能化首先是社会智能化，社会智能化包括智能公共设施和智能电子产品，例如智能天桥，智能公共汽车站，智能家居，智能电器等。社会智能化首先是农村智能化，农村智能化就是农业生产智能化，农业生产智能化的基础是大规模机械化，淘汰落后的镰刀收割，包括推广和普及收割机。

智能社会的发展一定是社会生活中各个领域的智能化发展，显然，全面感知、高效传输和智能处理一定是必然要求。

全面感知，就是要对服务和控制对象的状态进行感知、识别，并且多角度地形成综合性的对象状态信息。这是智能控制的前提，是“万物互联”的前提。因此，感知技术一定是综合性的多维技术，如 RFID 技术、二维码技术等。

高效传输，就是要即时、迅捷、安全地传输相关信息，使“物”与平台相连，感知与运营联通。因此，通信是重要的保障技术，特别是无线通信技术十分关键。我国大力发展通信技术，如 Wi－Fi、LiFi、4G，乃至 5G 技术，正是基于这个原因。

智能处理，就是要达到自主地实现预定目标的要求，形成自适应、自组织、自学习和自协调能力。这就需要各种智能计算，对海量的感知数据和信息进行分析并处理，实现智能化的决策和控制。

当前，智能化趋势在交通、金融、生活、医疗、政务等领域的广泛应用已经受到高度瞩目。反观历史上数次技术革命，都不可避免地推动新产业的涌现、商业模式的变化，进而导致社会生活方式的变化。作为新一轮科技革命和产业变革的核心驱动力，智能化趋势正在叠加释放历次科技革命和产业变革积蓄的巨大能量，快速催生新产品、新服务、新业态，培育经济发展新动能，重塑经济社会运行模式，改变人类生产和生活方式，最终促进经济社会发展的大幅整体跃升。

智能化社会是新时代下顺应科技发展的必然趋势。智能化社会是由人工智能驱动的社会，是信息文明的高级阶段。在智能化社会中，大数据、移动互联、云经济、人工智能等现代科技与经济社会发展不断融合，改变社会生产和社会组织的关联形态，全方位地打破人们原有的生活、生产和思维方式，冲击着在现代化基础上形成的各个方面。因此，在智能化社会进程中必然要面临着比为生存和斗争还要严峻而尖锐的挑战。

智能化社会的到来已不可阻挡，这个社会必然会全方位地打破我们习以为常的生活方式、生产方式、思维方式、概念框架乃至当前在现代性基础上形成的方方面面，给人类发展带来极大的挑战。

二、物联网的体系结构及功能

2016 年 10 月 30 日，世界物联网博览会在江苏省无锡市举行，大会举办的“物联网 + 中国制造 2025 高峰论坛”发布了《物联网标准化白皮书》。该白皮书由国家物联网基础标准工作组发布，国家物联网基础标准工作组研究和制定了中国物联网技术基础标准。该项工作由中国电子技术标准化研究院组织，由无锡物联网产业研究院、华为技术有限公司等 20 多家单位企业参与完成。《物联网标准化白皮书》提出了物联网参考体系结构（见图 1 - 2，注：图 1 - 2 是原体系结构图简化后的示意图）。

这个物联网体系结构能够从系统组成的角度描述物联网系统，描述功能及功能联系。结构包含了“用户控制政策域”“资源交换域”“服务域”“监控域”“感知控制域”“用户控制目标域”等功能领域。

用户控制政策域（原称用户域），是不同类型物联网用户和用户系统的实体集合，即用户群。用户群中的每一个用户，通过物联网体系结构对用户

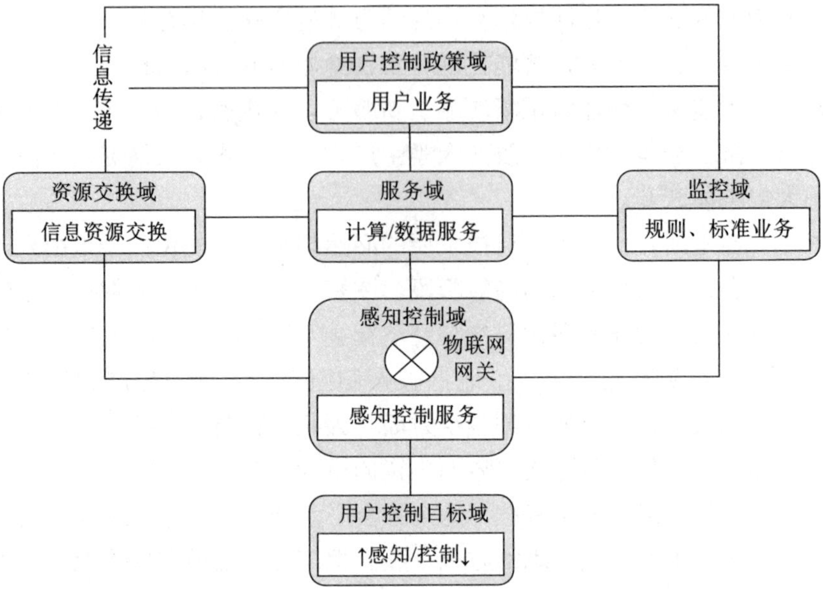

图 1－2　物联网体系结构

控制目标对象进行感知和操控，它是进行感知和操控，形成指令、信息的政策源。

资源交换域，是实现物联网系统与外部系统间信息资源的共享与交换，以及实现物联网系统信息和服务集中交易的软硬件系统的实体集合。资源交换域可获取物联网服务所需外部信息资源，也可为外部系统提供所需的物联网系统的信息资源，以及为物联网系统的信息流、服务流、资金流的交换提供保障。

用户控制目标域（原称目标对象域），是物联网用户期望获取相关信息或执行相关操控的对象实体集合，包括很多具体的用户操控活动项目。它是用户操控活动的起点，也是终点。操控活动的起点是对控制目标状态的感知，操控活动的终点是对控制目标的控制。感知和控制可通过感知控制技术（如传感网系统、标签识别系统、智能设备接口系统等），以非数据通信类接口或数据通信类接口的方式进行关联，实现物理世界和虚拟世界的接口绑定。

感知控制域，是各类获取感知信息与操控控制的感知控制技术系统，是用户操控活动实现物理世界量和虚拟信息转换的技术支撑。感知控制域可实现针对物理世界对象的本地化感知、协同和操控，并为其他域提供远程管理和服务的接口。

服务域（原称服务提供域），是实现物联网基础服务和业务服务的软硬件系统的实体集合。它可实现对感知数据、控制数据及服务关联数据的加工、处理和协同，为用户提供感知信息和操控信息转换提供计算服务，并提供信息存储使用的服务。

监控域（原称运维管控域），是实现物联网运行维护和法规符合性监管的软硬件系统的实体集合。它可保障物联网的设备和系统的安全、可靠、高效运行，及保障物联网系统中实体及其行为与相关法律规则等的符合性。

这个物联网体系结构，反映了物联网的架构、物联网功能板块及彼此间的联系。梳理其系统联系，可以看出物联网具有四个功能板块，即感知技术、应用开发、通信服务和运营服务。

感知技术。其基本功能是对服务对象状态及物理量的感知、识别，是实现用户操控活动目标的前提。

应用开发。其基本功能是为保证系统运转提供软硬件支持，包括提供系统解决方案和软件开发、提供硬件、系统集成等。

通信服务。其基本功能是提供网络信息传递服务，包括提供互联网服务的电信运营商和相关增值服务。

运营服务。其基本功能是提供感知信息和为操控信息转换提供计算服务，保障物联网安全、可靠、高效运行，体现网络体系运行平台的作用。

三、物联网的应用方向

据预测，物联网市场在 2020 年将超过 1.7 万亿美元，全球万物互联的连接规模将达到 500 亿个连接，其中可联网物品中 1/3 来自中国。未来 10 年，全球物联网产业总值将达到 8 万亿美元，物联网业务将达到互联网业务的30倍，将形成继通信网之后的另一个万亿级市场。物联网已成为一个新经济增长点，将是下一个推动世界高速发展的“重要生产力”，这就需要为物联网运行提供保障，这其中，技术标准和网络运行安全是关键环节。

物联网标准体系是一个渐进发展成熟的过程，将呈现从成熟应用方案提炼形成行业标准，以行业标准带动关键技术标准，逐步演进形成标准体系的趋势。物联网概念涵盖众多技术、众多行业、众多领域，试图制定一套普适性的统一标准几乎是不可能的。物联网产业的标准将是一个涵盖面很广的标准体系，将随着市场的逐渐发展而发展和成熟。在物联网产业发展过程中，单一技术的先进性并不一定保证其标准一定具有活力和生命力，标准的开放性和所面对的市场的大小是其持续下去的关键和核心问题。随着物联网应用的逐步扩展和市场的成熟，哪一个应用占有的市场份额更大，该应用所衍生出来的相关标准将更有可能成为被广泛接受的事实标准。

构建开放的技术和标准体系是迎接物联网的关键钥匙之一，开放的物联网体系架构，将有助于促进各行业实现服务整合和数据共享，提升网络整体能力，催生新的商业模式。标准是产业健康发展的基础，越来越多的机构组成不同的联盟推动标准，但到目前为止依然缺乏具有绝对优势和权威的标准，这些标准如何更好地协同实现互操作成为难题。

万维网（W3C）的全球商务总监 Alan Bir 认为，开发通用物体描述语言可以实现互操作性。今天，每一个标准体系都定义了自己的“物体”，这对实现广泛的互操作性是一种障碍。W3C 在互联网上成功地推动了很多标准和协议，这些经验对物联网的标准推动是有一定的参照意义。

中国电子科技集团公司信息科学研究院院长马林在接受《中国电子报》记者采访时表示，除了标准，物联网的推进还需要解决能力互联互通、打通行业壁垒、创新体制机制和产业模式等问题。同时，还需要发展具有更好的易用性和安全性的技术，实现数据特征提取的便利性，就能够降低数据共享的难度。目前很多行业不愿意进行数据共享，很重要的原因是数据涉及行业利益，事实上并非所有的行业数据都需要进行开放，有些数据只需要提取行业特征就能够产生应用价值，所以从技术的维度、模式的维度和理论研究的维度来讲，则需要更多的创新研究。今天的工程技术研究与过去有很大的不同，尤其是在物联网方面。技术的研究是与商业模式、机制、标准紧密相关的。

我国政府高度重视物联网产业和技术的发展，在建立物联网部际联席会议制度、成立国家物联网专家咨询委员会的基础上，推动建立了中国物联网产业技术创新战略联盟（联盟由物联网部际联席会议的 14 家部委推荐的 40 家单位发起，由中国电子科技集团公司任理事长单位）。联盟秘书长朱德成在接受《中国电子报》记者采访时表示："为了摆脱跟随的局面，需要着眼于战略而不是战术层面，所以我们必须勇于定义产业未来的发展方向。"

毫无疑问，从更高的战略层面定义市场，必须在标准层面拥有国际话语权。2016 年 1 月 26 日，由中国电子科技集团公司信息科学研究院、中国联通主导提出的《物联网物体描述需求》标准立项申请通过了 ITU SG20 全会审议，成为国际电联标准化项目，意味着中国将主导国际物联网物体描述标准的制定工作，将影响到未来国际物联网产业格局。此标准立项通过也是各联盟成员单位在国际标准化战场上形成合力打赢的一场胜仗。与此同时，信息科学研究院又成功地将物联网开放体系架构中的相关技术引入 W3C 的 Web of Things 相关标准制订中，中国物联网标准国际化进程不断提速。

标准离不开关键技术的支撑。中国电子科技集团公司于 2012 年提出的物联网开放体系架构，从网络整体出发，创新性地提出了能力互联的概念，巧妙地将万维网架构思想平移至物联网，通过解决物体描述、物体标识解析和物体管理三个核心关键问题，使万物能够轻松上网并实现可管可控。从那时开始，中国电科开始推动物联网共性平台技术的研发，其后陆续有国际同行开始关注物联网共性平台技术，应该说从这个维度上看，中国电科在物联网共性平台技术的研发上是起步比较早并获得突破的企业。

第三节 物联网的运行

一、运行模式

物联网运行的核心是维系网络体系运行的平台，所谓运行模式就是这个平台运行特征的反映，本质上反映的是平台运营商规划平台运营机制。目前，运行模式仍处于探索之中，其中有代表性的有自营型、定制型、通道型、合作型、混合型等五种类型。

（一）运营商自营模式

这种模式主要是运营商不通过物联网服务商而直接给已经使用了物联网业务的企业提供其所需的数据流量，如通用公司的 On - Star 业务就是由 Verizon 公司直接为其提供数据流量，运营商收取数据流量费。由此来看，这种模式比较适合一些有实力的大公司发展自行定制物联网业务。

（二）运营商定制模式

运营商定制型商业模式是运营商根据客户的具体需求特殊制定个性化的 M2M 业务，如 Vodafone、Orange 等，就是运营商为客户量身定制物联网业务。通常情况下，因为物联网涉及的业务范围非常广泛，电信运营商提供的基本业务和服务很难满足客户的全部需求，所以就需要运营商根据客户的具体需求而定制物联网业务。相比较而言，国外采用这种模式较多，而我国实行这种模式的是少数。

（三）通道型模式

通道型商业模式和我们所说的渠道差不多。采用通道型模式的主要是国外的公司，而且以电信运营商类为主，比如有 Verizon、韩国 SK 电讯、

AT&T、中国移动等。这种模式下系统集成服务商在其网络上运行业务，而运营商只提供通道和网络连接服务，向企业收取流量费用。一般而言，大多数运营商还是比较倾向于这种模式的，因为在这种模式下不管电信运营商对物联网是否感兴趣，都可以使用这种方式赚取费用。

（四）合作型模式

合作型商业模式就是多个主体共同合作，各主体分别负责其开发、维护、服务，合作运营的模式。比如韩国的 SK 电讯、中国移动、NTT 等，这种模式通常是以围绕运营商来进行的，首先由在不同的行业领域挑选其产业链上的各个领域的合作者，如系统集成商、设备提供商、服务提供商等，需要这些合作者开发业务的同时还要提供该领域的售后服务，运营商自己负责检验和监督业务运行情况，计费的同时还进行业务推广。在这种合作模式中，运营商凭借自己的先天网络和通道优势而占据相对的主导地位，就目前情况来看，运营商主要通过这种合作模式进入物联网市场。

（五）混合型模式

物联网混合型商业模式是以后发展的主要方向。这种模式是为了克服某一种模式存在的明显劣势或不足，综合运用以上几种模式的优势。例如，法国电信运营商 Orange，在物联网领域中运用的就是混合型商业模式，它主要以自营的模式为主，兼有合作型开发的商业模式。目前，在我国以电信运营商为例的物联网商业模式，如间接提供网络链接，这种情况主要是基于物联网的应用形成的，实现物联网应用的企业相对比较专业，且他们都是在各自内部实现，都需要由各个不同行业内系统集成商提供不同的专业服务，尤其是那些对应用要求复杂、行业壁垒高的行业，更是需要系统集成商的存在。相对于独立开发独立推广商业模式，这种模式因为在初期对运营企业投入的资金要求比较高，所以采用这种方式的企业还比较少。就目前而言，国内还未出现运营商独立搭建平台，并在其平台上开发业务，最后直接提供给客户的案例。不过这种模式会随着物联网的进一步发展，在国内也将会出现。

二、商业模式

物联网能够运行起来，其功能要保障其技术能够满足实践需要，能够实现与其他产业技术充分融合，所谓商业模式就是物联网服务特征的反映，也反映了物联网服务机制。

（一）产品型商业模式

这种模式可以为客户提供一个物联网产品和软件，可以在通知客户所需成本后逐步升级软件，它将直接反映用户端的结果。例如，对于自动驾驶汽车，公司不必再向用户提供任何产品，而是通过更新车载模型和应用程序来不断改进汽车。公司可以启用一个新功能，并发送通知使用户更新。后者只需更新系统就可以使用该功能。用户还可以使用此模型收集数据，以创建信息服务产品，从而最终使用产品服务型模式进行销售。

（二）产品—服务型商业模式

这一模式混合了传统的产品商业模式和较新的服务商业模式。此模式能使组织提供一个实体的物联网产品和信息模型。根据收集的数据向产品提供信息服务，此举将确保收入增加并实现竞争优势。持续提供信息，从分析的数据中大赚一笔，进而强化消费者流程，就是这种商业模式成功的关键。例如，“联网车辆”借助附加的车载诊断 II 型（Onboard Diagnostic II）芯片，用户将能够获知温度、转数、压力、发动机负荷、车辆位置和燃油数量。这种信息化模式保证了车辆的安全，更加节油，最终会降低维护成本。这些信息或数据是预防性维护的关键，使客户能够了解车辆的健康状况，从而避免发生任何事故。

（三）服务型商业模式

服务型商业模式（XAAS）倡导一切即服务。公司利用物联网解决方案租用实物产品，并为它的运行或工作付费。服务型商业模式不仅包括软件或实体产品，还包括信息产品。该模式帮助组织在一个特定期间为客户提供物联网服务，从而产生可预测的经常性收入。然而，您的物联网解决方案除了必须具有服务价值，还必须与客户的期望相一致，从而调整他们接受和消费的服务方式，并改变付款方法。例如，喷气式发动机，由于客户不想自己拥有发动机的同时要自己进行维护，他们从卖方那里通过物联网租赁了几台喷气式发动机，卖方还要提供预测分析来实施维护。客户只需为引擎运行的时间和为其带来收益的时间付费。

（四）服务—结果型商业模式

在服务—结果型商业模式中，卖方成为业务合作伙伴。服务—结果型模式有两方面特性。第一个方面与服务型模式类似，但并不注重提供单一的解决方案，而是通过产品线来获取收益。另一方面包括利用结果赚钱，或根据解决方案的业绩赚钱。服务—结果型商业模式有一个额外的节约收益项，能鼓励供应商改善其客户的业务。在这种情况下，额外的收益项就会削减客户的人力运营成本。例如，在采矿业中。公司不再直接提供采矿设备，而是向客户提供设备的物联网解决方案，并使用物联网解决方案收集数据，公司据此可以进一步根据性能更佳的设备参数来调整其他设备。通过采用服务—结果型商业模式，买方和卖方都获得业务增值。这使他们能够建立一条基准线，并按阶段来产生增量收入或增量节约的百分比。

（五）结果型商业模式

这一商业模式包括了整个物联网生态系统。它汇集了物联网技术的生产者（厂商）和消费者（客户），从而使提供的解决方案带来经济效益。客户不再与多个供应商合作，因为客户自身成为能够提供预期结果的生态系统之一。这超越了完全根据业绩付款的服务—结果型商业模式，使供应商的商业模式与客户的商业模式相一致。例如，智慧农业，为了实现高效农业，结果型商业模式侧重于提供捆绑式解决方案。该模式不再提供单独的解决方案来监测土壤湿度、阳光和二氧化碳排放量，而是提供一整套解决方案，将以上工作全部纳入。在个体上，每个单独的产品类别都具备价值，但是在联合之后，它们能够相辅相成，创造出的价值比起独立相加的价值还要更大。这不仅为客户提升了解决方案的营利性，还根据每个单独解决方案产生结果，供应商也成为客户的一种收入来源。

三、物联网运行实例——Google 云计算平台

平台是物联网运行的核心，云计算是重要的平台技术。这里我们介绍 Google 云计算平台，是希望以此增加对物联网运行的感性认识。

Google 的云计算技术实际上是针对 Google 特定的网络应用程序而定制的。针对内部网络数据规模超大的特点，Google 提出了一整套基于分布式并行集群方式的基础架构，利用软件的能力来处理集群中经常发生的节点失效问题。

（一）Google 云计算基础架构模式

Google 云计算技术，实际上是针对 Google 特定的网络应用程序而定制的。针对内部网络数据规模超大的特点，Google 提出了一整套基于分布式并行集群方式的基础架构，利用软件的能力来处理集群中经常发生的节点失效问题。

Google 使用的云计算基础架构模式，包括以下四个既相互独立而又紧密结合在一起的系统：

（1）Google 建立在集群之上的文件系统 Google File System；

（2）针对 Google 应用程序的特点提出的 Map/Reduce 编程模式；

（3）分布式的锁机制 Chubby；

（4）Google 开发的模型简化的大规模分布式数据库管理系统 BigTable。

（二）Google File System（谷歌文件系统）

为了满足 Google 迅速增长的数据处理需求，Google 设计并实现了谷歌文件系统（Google File System，GFS）。GFS 与过去的分布式文件系统相比具

有许多相同的目标，例如性能、可伸缩性、可靠性和可用性。

GFS 是为 Google 应用程序本身而设计的。据称，Google 已经部署了许多 GFS 集群。有的集群拥有超过 1 000 个存储节点，超过 300T 的硬盘空间，被不同机器上的数百个客户端连续不断地频繁访问着。

Google File System 系统架构

一个 GFS 集群，包含一个主服务器和多个块服务器，被多个客户端访问。文件被分割成固定尺寸的块。在每个块创建的时候，服务器分配给它一个不变的、全球唯一的 64 位块句柄，对它进行标识。块服务器把块作为 linux 文件保存在本地硬盘上；并根据指定的块句柄和字节范围来读写块数据。为了保证可靠性，每个块都会复制到多个块服务器上，缺省保存三个备份。主服务器管理文件系统所有的元数据，包括名字空间、访问控制信息和文件到块的映射信息，以及块当前所在的位置。GFS 客户端代码被嵌入到每个程序里。它实现了 Google 文件系统 API，帮助应用程序与主服务器和块服务器通信，对数据进行读写。客户端跟主服务器交互进行元数据操作。但是，所有的数据操作的通信，都是直接和块服务器进行的。客户端提供的访问接口，类似于 POSIX 接口，但有一定的修改，并不完全兼容 POSIX 标准。通过服务器端和客户端的联合设计，Google File System 能够针对它本身的应用，获得最大的性能以及可用性效果。

（三）MapReduce 分布式编程模式

为了让内部非分布式系统方向背景的员工能够有机会将应用程序建立在大规模的集群基础之上，Google 还设计并实现了一套大规模数据处理的编程规范 Map/Reduce 系统。这样，非分布式专业的程序编写人员，也能够为大规模的集群编写应用程序，而不用去顾虑集群的可靠性、可扩展性等问题。应用程序编写人员只需要将精力放在应用程序本身，而关于集群的处理问题则交由平台来处理。

Map/Reduce 通过 Map（映射）和 Reduce（化简）这样两个简单的概念来参加运算。用户只需要提供自己的 Map 函数以及 Reduce 函数，就可以在集群上进行大规模的分布式数据处理。

Google 的文本索引方法，即搜索引擎的核心部分，已经通过 Map Reduce 的方法进行了改写，获得了更加清晰的程序架构。在 Google 内部，每天都有上千个 Map Reduce 的应用程序在运行。

（四）分布式大规模数据库管理系统 BigTable

构建于上述两项基础之上的第三个云计算平台，就是 Google 关于将数据库系统扩展到分布式平台上的 BigTable 系统。

很多应用程序对于数据的组织还是非常有规则的。一般来说，数据库对于处理格式化数据还是非常方便的。但是，由于关系数据库很强的一致性要求，很难将其扩展到很大的规模。

为了处理 Google 内部大量的格式化和半格式化数据，Google 构建了弱一致性要求的大规模数据库管理系统 BigTable。现在有很多 Google 的应用程序建立在 BigTable 之上，例如 Search History、Maps、Orkut 和 RSS 阅读器等。

（五）相关云计算服务平台

以上是 Google 内部云计算基础平台的三个主要部分。除了这三个主要部分之外，Google 还建立了分布式程序的调度器与分布式的锁服务等一系列相关的云计算服务平台。

（六）Google 的云应用

Google 云计算应用程序。除了上述的云计算基础设施之外，Google 还在其云计算基础设施之上，建立了一系列新型网络应用程序。

由于借鉴了异步网络数据传输的 Web 2.0 技术，这些应用程序给予用户全新的界面感受，以及更加强大的多用户交互能力。其中，典型的 Google 云计算应用程序，就是 Google 推出的与 Microsoft Office 软件进行竞争的 Docs 网络服务程序。

Google Docs，是一个基于 Web 的工具。它有与 Microsoft Office 相近的编辑界面，有一套简单易用的文档权限管理，而且它还能记录下所有用户对文档所做的修改。Google Docs 的这些功能使它非常适用于网上共享与协作编辑文档。Google Docs 甚至可以用于监控责任清晰、目标明确的项目进度。

当前，Google Docs 已经推出了文档编辑、电子表格、幻灯片演示、日程管理等多个功能的编辑模块；能够替代 Microsoft Office 的一部分功能。

值得注意的是，通过这种云计算方式形成的应用程序，非常适合多个用户进行共享以及协同编辑，为一个小组的人员进行共同创作带来很大的方便性。

Google Docs，是云计算的一种重要应用，可以通过浏览器的方式，访问远端大规模的存储与计算服务。云计算能够为大规模的新一代网络应用打下良好的基础。

Google 的云计算平台是私有环境。虽然可以说 Google 是云计算的最大实践者，但是 Google 的云计算平台是私有环境，特别是 Google 的云计算基础设施还没有开放出来。除了开放有限的应用程序接口，如 GWT（Google Web Toolkit）和 Google Map API（谷歌地图接口）以外，Google 并没有将云计算的内部基础设施共享给外部的用户使用。上述的所有基础设施都是私有的。

不过 Google 公开了其内部集群计算环境的一部分技术，这使全球的技术开发人员能够根据这一部分文档构建开源的大规模数据处理云计算基础设施。其中，最有名的项目即 Apache 旗下的 Hadoop 项目。

第二章
物联网的支撑性技术

“感知中国”就是中国的物联网。自从 2009 年提出“感知中国”后，很快为众人知悉、理解，这也间接地推动了物联网在中国的落地、生根。

在物联网四个板块，感知技术、应用开发、通信服务和运营服务中，为什么我们这么看中感知技术？这就需要我们去认识感知技术是什么，认识它在物联网中的作用，认识它的技术分类构成，还要认识其主要技术形式及其技术特征。

第一节　识别感知技术概述

识别感知技术是物联网体系结构中四大功能板块之一，也是物联网的基础技术。识别感知技术基本功能就是要感知、识别“物体”，获取信息，只有做到这一点，才能实现联结“物体”，才能实现万物互联，进而实现智能操控。

一、识别感知技术及其作用

识别感知技术的功能对于物联网来说是“万物互联”和智能处理的前提和基础。智能性是物联网具有的技术特征之一，即物联网技术具有很强的自适应、自学习、自组织和自协调能力，可以说它是“聪明网”。聪明既需要“大脑”功能强大，也需要“耳目”的功能保证，所谓“耳聪目明”才能成为智者。识别感知的技术价值就在于此，它就像人体的耳目、五官，在任何时间、任何事物、任何地点全面感知，获取信息。

全面感知，就是对感知目标的状态、环境的识别和感应。状态指感知目标的存在特征；环境指感知目标所在系统的系统特征。获取信息，就是要采集感知目标的特征信息，这些信息代表了感知目标的特征，如温度、压力、速度信息，位置信息，身份信息等。

识别感知是一个过程。在这个过程中，感知是起点、前提，获取信息是终点、目标。感知需要具有感知、识别能力的元件及设备来保证，获取信息需要信息处理转换的技术来保证。随着识别感知技术的发展，其与通信、IT技术深度融合，形成了智能化、网络化技术特征，如与微处理技术融合的嵌入式技术，与网络通信技术融合的传感网技术。目前，感知层技术不仅涉及传感、识别、信息处理技术，还涉及网络、通信等技术，并且还涉及网关协议、协同处理等技术。

识别感知技术就是全面感知和获取信息的实现方式，包括对感知对象感知的技术、采集信息的技术，也包括与此相关的网络通信、IT 技术。显而易见，这个技术无论是构成，还是内容都是比较复杂的，但是其核心内容是明确的，即识别、感知。

识别，就是通过某种技术设备，辨认被识别对象，获取其身份及相关标签信息。感知，就是通过某种技术对被测试对象的存在状态进行测试，并获取其状态特征的信息。识别技术中常用的技术是射频识别（RFID）技术，它是物联网最早应用的识别技术，这项技术早期应用主要是用来识别产品的电子代码（Electronic Product Code，EPC）的信息，辨认身份。随着识别技术进一步发展，数据载体出现了电子标签，这个标签不仅包含身份信息，还扩展了加工、运输、服务、交易等必要的信息。感知技术是用来测试被测试对象的存在状态和环境状态，比如位置、温度、压力等，主要包括传感技术和定位技术。

作为物联网的基础性公共服务平台，国物标识平台为各种物联网应用中的异构标识建立了一套统一管理和服务的架构，打破了各物联网应用的信息孤岛，为物联网应用的互联互通搭建了“桥梁”，有力支撑了我国物联网跨行业、跨平台、规模化发展，提升了我国在物联网行业的核心竞争力。该平台建立了我国自主安全的物联网标识管理体系，实现了 Handle、Ecode、OID、ISLI、CSTR 等主流标识体系的兼容互通，形成了异构标识识别核心技术，率先在国内外主要标准组织制定物联网异构标识兼容相关技术标准，推动了我国物联网领域标准体系的建立和完善。

目前，国物标识平台的服务及相关应用已在商品追溯、工业物联网、智慧农业、智能家居、智慧物流、数字资源管理等领域实现了应用示范及产业化推广。截至 2018 年 6 月 30 日，国物标识平台标识注册量为 678 亿个，累计解析量突破 57 亿个。

识别与感知两者明显的区别是其技术原理，识别技术是辨认的性质，而感知技术是测试的性质，形象一点来讲，识别就像查户口，感知就像做体检。查户口就要事先将信息登记在册，然后才能查询，所以识别技术应用的一个重要前提，是提供标签的识别标识，并管理标识的使用。2013 年 5 月，国家发改委批复设立“国家物联网标识管理公共服务平台”，成为全国统一的物联网标识类公共服务平台。

二、识别感知技术的基本分类

识别感知技术，总体上可将其分为两类，一类是识别技术，另一类是感知技术（见图 2－1）。

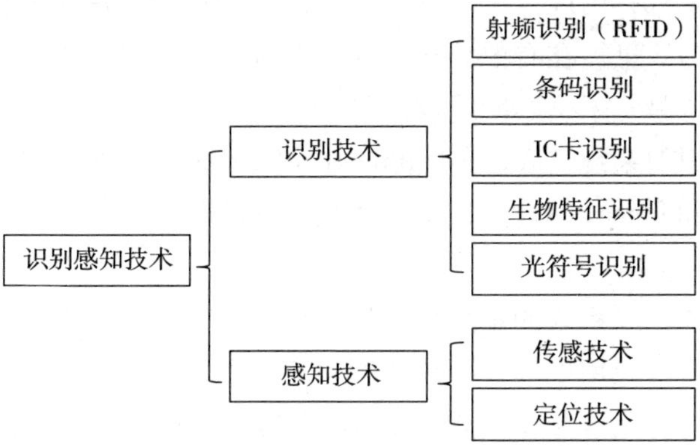

图 2－1　识别感知技术的基本分类

（一）识别技术的构成

物联网中识别技术是发展迅速的一个领域，它与网络技术、通信技术有很好的融合，其自动化程度很高。自动识别技术可以对每个物品进行标识和识别，并可以将数据实时更新，是构造全球物品信息实时共享的重要组成部分，是物联网的基石。

自动识别技术将计算机、光、电、通信和网络技术融为一体，与互联网、移动通信等技术相结合，实现了全球范围内物品的跟踪与信息的共享。自动识别技术是以计算机技术和通信技术的发展为基础的综合性科学技术，它是信息数据自动识读、自动输入计算机的重要方法和手段，归根到底，自动识别技术是一种高度自动化的信息或者数据采集技术。

自动识别技术近几十年在全球范围内得到了迅猛发展，初步形成了一个包括条码技术、磁条磁卡技术、IC 卡技术、光学字符识别、射频技术、声音识别及视觉识别等集计算机、光、磁、物理、机电、通信技术为一体的高新技术学科。中国物联网校企联盟认为自动识别技术可以分为光符号识别技术、语音识别技术、生物计量识别技术、IC 卡技术、条形码技术、射频识别技术（RFID）。

自动识别系统通过中间件或者接口（包括软件的和硬件的）将数据传输给后台处理计算机，由计算机对所采集到的数据进行处理或者加工，最终形成对人们有用的信息。在有的场合，中间件本身就具有数据处理的功能。中间件还可以支持单一系统不同协议产品的工作。完整的自动识别计算机管理系统包括自动识别系统（Auto Identification System，AIDS）和应用程序接口（Application Interface，API）或者中间件（Middleware）和应用系统软件（Application Software）。

自动识别系统完成系统的采集和存储工作，应用系统软件对自动识别系统所采集的数据进行应用处理，而应用程序接口软件则提供自动识别系统和应用系统软件之间的通信接口（包括数据格式），将自动识别系统采集的数据信息转换成应用软件系统可以识别和利用的信息并进行数据传递。

（二）感知技术的构成

感知技术是物联网不能缺少的技术，其中传感技术是主力军，在传感技术中，传感器和 MEMS 传感器又占据十分重要的位置。

传感器是感知领域中的传统技术。传感器最初是作为单独的测量仪器来探测物体状态的物理量，伴随技术的集成化趋势，传感器逐步走向模块化，甚至微型化，经常作为一个微型的模块化器件嵌入一套功能齐全的系统，其性能决定了整套系统的性能。

根据传感器的基本感知功能可将其分为热敏元件、光敏元件、气敏元件、力敏元件、磁敏元件、湿敏元件、声敏元件、放射线敏感元件、色敏元件和味敏元件等十大类。这些可以归为物理类、化学类、生物类三大块（见图 2－2）。目前，工业生产、宇宙开发、海洋探测、环境保护、资源调查、医学诊断、生物工程，甚至文物保护等众多领域，都在广泛使用各种功能的传感器。

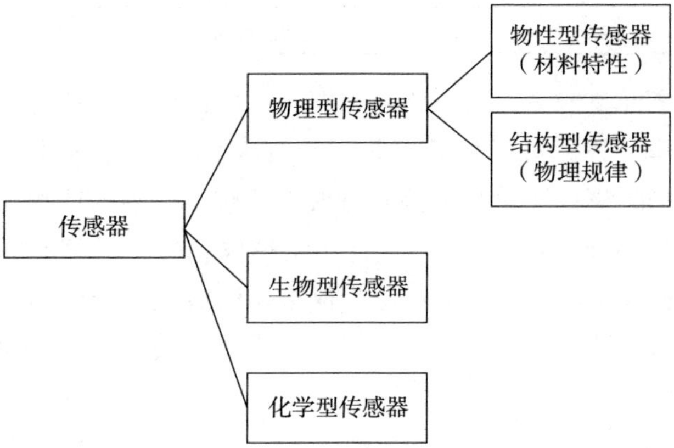

图 2－2　传感器的分类

MEMS 传感器是目前还在不断发展的新技术，其应用领域在持续扩大。MEMS 传感器可分为 3 个大类，10 个小类（见表 2－1）。3 个大类包括 MEMS 生物传感器、MEMS 物理传感器、MEMS 化学传感器，这一划分是按其测试原理来分的。10 个小类是大致的分类，是大类下的细分。

表 2－1　　MEMS 传感器的分类

大类	小类	技术应用
MEMS 生物传感器	生理传感	触觉传感器
	生化传感	生物传感器
MEMS 物理传感器	声（声波、超声波）	超声波传感器、麦克传感器
	光（光强度、光谱）	红外传感器、激光传感器
	电（电流、电压、电场）	电感元件
	力（力、距离、速度）	陀螺仪、压力传感器、加速度计
	磁（磁通量、磁场场强）	磁力计
	热（热量、温度、导热）	热感应元件

续表

大类	小类	技术应用
MEMS 化学传感器	分子传感	气体成分感应元件、汽车三元催化
	离子传感	离子传感器

MEMS 传感器种类繁多，常见的有陀螺仪、加速度计、磁力计、温度传感器、湿度传感器、气体分子传感器等，而且 MEMS 传感器技术之间也在融合，加速度计和陀螺仪可以集成为 6 轴惯性传感器；磁力计和加速度计集成为电子罗盘（E - Compass），加速度计、陀螺仪和磁力计可集成为 9 轴传感器。MEMS 传感器应用范围十分广泛，仅以 MEMS 压力传感器为例，在洗衣机、太阳能热水器等家电产品，医疗领域，汽车车况监控，智能手表，智能手机等领域广泛应用。

三、识别感知技术发展

2016 年 12 月，国务院工信部发布了《信息通信行业发展规划物联网分册（2016～2020 年）》，提出开展面向重点领域的高性能、低成本、集成化、微型化、低功耗智能传感器技术和产品研发，提升智能传感器设计、制造、封装与集成、多传感器集成与数据融合及可靠性领域技术水平，并将其作为突破关键核心技术的目标。实际上，传感技术已成为识别感知技术发展的重要领域。

国内传感器技术发展的重点是在材料、结构和性能改进三个方面：敏感材料从液态向半固态、固态方向发展；结构向小型化、集成化、模块化、智能化方向发展；性能向检测量程宽、检测精度高、抗干扰能力强、性能稳定、寿命长久方向发展。随着物联网技术的发展，对传统传感技术又提出了新的要求，产品正逐渐向 MEMS 技术、无线数据传输技术、红外技术、新材料技术、纳米技术、陶瓷技术、薄膜（含 SOI，Silicon - On - Insulator，绝缘衬底硅）技术、光纤技术、激光技术、复合传感器技术、多学科交叉融合的方向发展。同中国发展比较，国外传感技术的发展，强调按照信息论与系统论、应用工程的方法，同计算机技术和通信技术协同发展。总体上看，传感技术发展反映出以下基本情况。

（一）突出理念创新

第一是利用新的理论、新的效应研究开发工程和科技发展迫切需求的多种新型传感器和传感技术系统。

第二是侧重传感器与传感技术硬件系统与元器件的微小型化。利用集成电路微小型化的经验，从传感技术硬件系统的微小型化中提高其可靠性、质量、处理速度和生产率，降低成本，节约资源与能源，减少对环境的污染。这种充分利用已有微细加工技术与装置的做法已经取得巨大的效益，极大地增强了市场竞争力。在微小型化中，为世界各国所瞩目的是纳米技术。

第三是集成化。进行硬件与软件两方面的集成，它包括：传感器阵列的集成和多功能、多传感参数的复合传感器，如汽车用的油量、酒精检测和发动机工作性能的复合传感器；传感系统硬件的集成，如信息处理与传感器的集成和传感器—处理单元—识别单元的集成等；硬件与软件的集成；数据集成与融合等。

（二）重点发展方向技术研发存在挑战

研究与开发特殊环境（指高温、高压、水下、腐蚀和辐射等环境）下的传感器与传感技术系统，是传感技术研发的重点方向。这类传感器及传感技术系统常常是我国缺少的一类高新传感技术和产品。对一般工业用途、农业和服务业用的量大面广的传感技术系统，侧重解决提高其可靠性、可利用性和大幅度降低成本的问题，以适应工农业与服务业的发展，保证这种低技术产品的市场竞争力和市场份额。

（三）系统化、智能化

彻底改变重研究开发、轻应用与改进的局面，实行需求驱动的全过程、全寿命研究开发、生产、使用和改进的系统工程。侧重传感信号的处理和识别技术、方法和装置同自校准、自诊断、自学习、自决策、自适应和自组织等人工智能技术结合，发展支持智能制造、智能机器和智能制造系统发展的智能传感技术系统。

第二节 识别技术

物联网的识别技术近年来发展迅速，自动识别技术得到广泛的应用，如美国的军品管理、中国的二代身份证、中国的火车机车管理系统、日本的手机支付与近场通信等都是自动识别技术比较成功的大规模应用案例。这其中，有 7 种技术是常见的。

一、射频识别技术

无线射频识别技术（RFID）类似于条码扫描，对于条码技术而言，它是将已编码的条形码附着于目标物并使用专用的扫描读写器利用光信号将信息由条形磁传送到扫描读写器，而 RFID 则使用专用的 RFID 读写器及专门的可附着于目标物的 RFID 标签，利用频率信号将信息由 RFID 标签传送至 RFID 读写器。

> **射频识别技术**
>
> 射频识别技术，即无线射频识别技术（RFID，Radio Frequency Identification）是通过无线电波进行数据传递的自动识别技术，是一种非接触式的自动识别技术。它是一项易于操控，简单实用且特别适合用于自动化控制的灵活性应用技术。通过射频信号自动识别目标对象并获取相关数据，识别工作无须人工干预，可工作于各种恶劣环境。RFID 与物联网的诞生密切相关，是物联网的关键性基础技术之一。

从结构上讲，RFID 是一种简单的无线系统，只有两个基本器件，该系统用于控制、检测和跟踪物体。系统由一个询问器和很多应答器组成。

与条码识别、磁卡识别技术和 IC 卡识别技术等相比，它以特有的无接触、抗干扰能力强、可同时识别多个物品等优点，逐渐成为自动识别中最优秀的和应用领域最广泛的技术之一，是目前最重要的自动识别技术。

射频识别系统主要有以下几个方面的系统优势：

（1）读取方便快捷。数据的读取无须光源，甚至可以透过外包装来进行。有效识别距离更大，采用自带电池的主动标签时，有效识别距离可达 30 米以上。

（2）识别速度快。标签一进入磁场，解读器就可以即时读取其中的信息，而且能够同时处理多个标签，实现批量识别。

（3）数据容量大。数据容量最大的二维条形码（PDF417），最多也只能存储 2 725 个数字，若包含字母，存储量则会更少。RFID 标签则可以根据用户的需要扩充到数 10K。

（4）使用寿命长，应用范围广。其无线电通信方式，使其可以应用于粉尘、油污等高污染环境和放射性环境，而且其封闭式包装使得其寿命大大超过印刷的条形码。

（5）标签数据可动态更改。利用编程器可以向标签写入数据，从而赋予 RFID 标签交互式便携数据文件的功能，而且写入时间相比打印条形码更短。

（6）更好的安全性。不仅可以嵌入或附着在不同形状、类型的产品上，而且可以为标签数据的读写设置密码保护，从而具有更高的安全性。

（7）动态实时通信。标签以与每秒 50 ~ 100 次的频率与解读器进行通信，所以只要 RFID 标签所附着的物体出现在解读器的有效识别范围内，就可以对其位置进行动态的追踪和监控。

二、条码识别技术

条码技术最早出现在 20 世纪 20 年代，是最早应用的一种自动识别技术，是随着计算机与信息技术的发展和应用而诞生的，它是集编码、印刷、识别、数据采集和处理于一身的新型技术，广泛应用于商业、邮政、图书管理、仓储、工业生产过程控制、交通运输、包装、配送等领域。条码技术是使用黑白线条的各种组合模式表示不同的物品编码信息。

条码识别技术

条码是一种利用光电扫描阅读设备识别并实现数据自动输入计算机的特殊符号。条码技术是在计算机技术和信息技术基础上发展起来的一门集编码、印刷、识别、数据采集和处理于一身的技术。

一个典型的条码系统由编码、印刷、扫描识别和数据处理等几部分组成，其运作流程如图 2－3 所示。

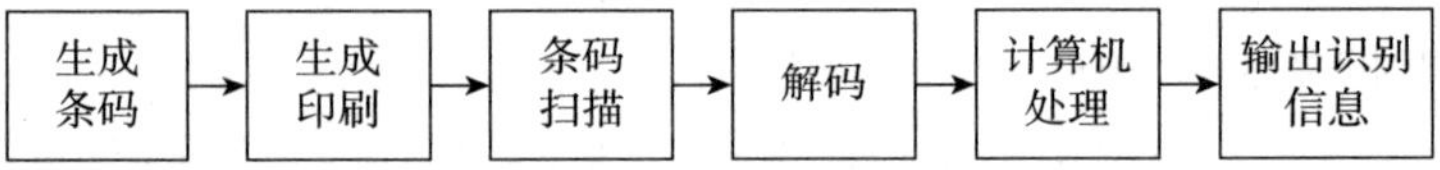

图 2－3　条码系统处理流程

任何一种条码都有其相应的物品编码标准，从编码到条码的转化，可通过条码编制软件来实现，生成相应的条码图形符号，然后通过非现场印刷或现场印刷方法，印制在纸制标签或商品包装上。条码阅读器通过扫描条码图形，就可以获得条码所表示的物品信息，并送往计算机中的各种应用系统进行进一步的处理。条码又分为一维条码和二维条码。

一维条码是由平行排列的宽窄不同的线条和间隔组成的二进制编码，这些线条和间隔根据预定的模式进行排列并且表达相应记号系统的数据项。宽窄不同的线条和间隔的排列次序可以解释成数字或者字母，可以通过光学扫描对一维条码进行阅读，即根据黑色线条和白色间隔对激光的不同反射来识别。

二维条码技术是在一维条码无法满足实际应用需求的前提下产生的。由于受信息容量的限制，一维条码通常只是对物品的标识，而不是对物品的描述。二维条码能够在横向和纵向两个方向同时表达信息，因此能在很小的面积内表达大量的信息。

条形码技术具有十分突出的优点：①输入速度快。与键盘输入相比，条形码输入的速度是键盘输入的5倍，并且能实现“即时数据输入”。②可靠性高。键盘输入数据出错率为三百分之一，利用光学字符识别技术出错率为万分之一，而采用条形码技术误码率低于百万分之一。③采集信息量大。利用传统的一维条形码一次可采集几十位字符的信息，二维条形码更可以携带数千个字符的信息，并有一定的自动纠错能力。④灵活实用。条形码标识既可以作为一种识别手段单独使用，也可以和有关识别设备组成一个系统实现自动化识别，还可以和其他控制设备连接起来实现自动化管理。

另外，条形码标签易于制作，对设备和材料没有特殊要求，识别设备操作 容易，不需要特殊培训，且设备也相对便宜。

三、生物特征识别技术

生物特征识别技术

生物特征识别技术（Biometrics）是根据每个人独有的可以采样和测量的生物学特征和行为学特征而进行身份识别的技术。由于生物特征不像各种证件类持有物那样容易窃取，也不像密码、口令那么容易遗忘或破解，所以在身份识别上体现了独特的优势，近年来在国际上被广泛研究。

生物特征识别是通过获取和分析人体的身体和行为特征来实现人的身份的自动鉴别。生物特征分为物理特征和行为特点两类。

物理特征包括指纹、掌形、眼睛（视网膜和虹膜）、人体气味、脸型、皮肤毛孔、手腕、手的血管纹理和DNA等。行为特点包括签名、语音、行走的步态、击打键盘的力度等。主要技术包括以下几种。

（一）声音识别技术

声音识别是一种非接触的识别技术，用户可以很自然地接受。这种技术可以用声音指令实现“不用手”的数据采集，其最大特点就是不用手和眼睛，这对那些采集数据同时还要完成手脚并用的工作场合尤为适用。目前由于声音识别技术的迅速发展以及高效可靠的应用软件的开发，使声音识别系统在很多方面得到了应用。

（二）人脸识别技术

人脸识别，特指利用分析比较人脸视觉特征信息进行身份鉴别的计算机技术。人脸识别是一项热门的计算机技术研究领域，包括人脸追踪侦测、自动调整影像放大、夜间红外侦测、自动调整曝光强度。人脸识别属于生物特征识别技术，是对生物体（一般特指人）本身的生物特征来区分生物体个体。

（三）指纹识别技术

指纹是指人的手指末端正面皮肤上凸凹不平产生的纹线。纹线有规律的排列形成不同的纹型。纹线的起点、终点、结合点和分叉点，称为指纹的细节特征点（Minutiae）。由于指纹具有终身不变性、唯一性和方便性，已经几乎成为生物特征识别的代名词。指纹识别即指通过比较不同指纹的细节特征点来进行自动识别。由于每个人的指纹不同，就是同一人的十指之间，指纹也有明显区别，因此指纹可用于身份的自动识别。

四、其他识别技术

（一）IC 卡识别技术

IC 卡（Integrated Circuit Card）即集成电路卡，也称智能卡（Smart card）、智慧卡（Intelligent card）、微电路卡（Microcircuit card）或微芯片卡

等。它是将一个微电子芯片嵌入符合 ISO 7816 标准的卡基中，做成卡片形式。IC 卡是继磁卡之后出现的又一种信息载体。IC 卡通过卡里的集成电路存储信息，采用射频技术与支持 IC 卡的读卡器进行通信。射频读写器向 IC 卡发一组固定频率的电磁波，卡片内有一个 LC 串联谐振电路，其频率与读写器发射的频率相同，这样在电磁波激励下，LC 谐振电路产生共振，从而使电容内有了电荷。在这个电容的另一端，接有一个单向导通的电子泵，将电容内的电荷送到另一个电容内存储，当所积累的电荷达到 2 V 时，此电容可作为电源为其他电路提供工作电压，将卡内数据发射出去或接受读写器的数据。

接触式 IC 卡，该类卡通过 IC 卡读写设备的触点与 IC 卡的触点接触后进行数据的读写。国际标准 ISO7816 对此类卡的机械特性、电器特性等进行了严格的规定。

非接触式 IC 卡，该类卡与 IC 卡读取设备无电路接触，通过非接触式的读写技术进行读写（例如光或无线技术）。卡内所嵌芯片除了 CPU、逻辑单元、存储单元外，增加了射频收发电路。国际标准 ISO 10536 系列阐述了对非接触式 IC 卡的规定。该类卡一般用在使用频繁、信息量相对较少、可靠性要求较高的场合。

IC 卡由于其固有的信息安全、便于携带、比较完善的标准化等优点，在身份认证、银行、电信、公共交通、车场管理等领域正得到越来越多的应用。

（二）磁卡识别技术

磁卡（Magnetic Card）是一种磁记录介质卡片，由高强度、高耐温的塑料或纸质涂覆塑料制成，防潮、耐磨且有一定的柔韧性，携带方便，使用较为稳定可靠。磁条记录信息的方法是变化磁的极性，在磁性氧化的地方具有相反的极性，识别器才能够在磁条内分辨到这种磁性变化，这个过程被称作磁变。一部解码器可以识读到磁性变化，并将它们转换回字母或数字的形式，以便由一部计算机来处理。磁卡技术能够在小范围内存储较大数量的信息，在磁条上的信息可以被重写或更改。

磁卡一般视使用基材的不同，可分为 PET 卡、PVC 卡和纸卡三种；视磁层构造的不同，又可分为磁条卡和全涂磁卡两种。磁条卡由塑料卡片和贴在其上的磁条组成，磁条上有三条存储信息的磁道。

磁卡使用方便，造价便宜，用途极为广泛，可用于制作信用卡、银行卡、地铁卡、公交卡、门票卡、电话卡、电子游戏卡、车票、机票以及各种交通收费卡等。

（三）图像识别技术

图像识别是借助 IT 技术对图像形式的对象进行分析、处理，借以对目标进行模式识别的技术。在人类认知的过程中，图形识别指图形刺激作用于感觉器官，人们进而辨认出该图像是什么的过程，也叫图像再认。在信息化领域，图像识别，是利用计算机对图像进行处理、分析和理解，以识别各种不同模式的目标和对象的技术，如地理学中指将遥感图像进行分类的技术。

图像识别技术的关键信息，既要有当时进入感官（即输入计算机系统）的信息，也要有系统中存储的信息。只有通过存储的信息与当前的信息进行比较的加工过程，才能实现对图像的再认识。

（四）光学字符识别技术

光学字符识别技术（Optical Character Recognition，OCR），是属于图形识别的一项技术，是通过扫描等光学输入方式将各种票据、报刊、书籍、文稿及其他印刷品的文字转化为图像信息，再利用文字识别技术将图像信息转化为可以使用的计算机输入技术。这项技术可应用于银行票据、大量文字资料、档案卷宗、文案的录入和处理领域，适合于银行、税务等行业大量票据表格的自动扫描识别及长期存储。相对一般文本，通常以最终识别率、识别速度、版面理解正确率及版面还原满意度四个方面作为 OCR 技术的评测依据，而相对于表格及票据，通常以识别率或整张通过率及识别速度为测定 OCR 技术的实用标准。

针对印刷体字符，采用光学的方式将文档资料转换成为原始资料黑白点阵的图像文件，然后通过识别软件将图像中的文字转换成文本格式，以便文字处理软件进一步编辑加工。

一个 OCR 识别系统，从影像到结果输出，必须经过影像输入、影像预处理、文字特征抽取、比对识别，最后经人工校正将认错的文字更正，最后将结果输出。

第三节 感知技术——传感器和传感网

传感技术是物联网技术发展的重点方向，其中传感器具有基础地位，传感网是重要的应用技术。

一、传感器技术

传感器是一种检测装置，能感受到被测量的信息，并能将感受到的信息，按一定规律变换成电信号或其他所需形式的信息输出，以满足信息的传输、处理、存储、显示、记录和控制等要求。

（一）传感器的构成

传感器其功能实现主要由敏感元件、转换元件、变换电路和辅助电源四部分合力完成（见图 2－4）。

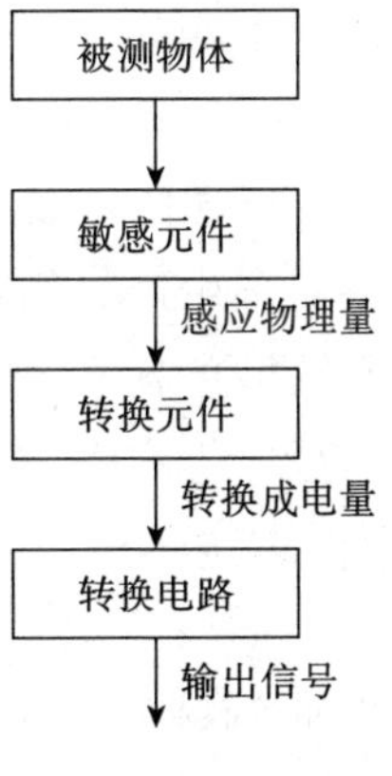

图 2－4 传感器工作原理

敏感元件：直接感受被测量，并输出被测量有确定关系的物理量信号。

转换元件：将敏感元件输出的物理量信号转换为电信号。

转换电路：负责对转换元件输出的电信号进行

放大调制。

（二）传感器的发展

传感器自从20世纪50年代产生，经历了三大发展阶段，从最原始的结构型传感器演变为固体传感器以及最新的智能传感器，传感器技术发生了翻天覆地的变化。尤其是现在的智能传感器，具有智能特性，在智能手机、智能家居和智能汽车等领域应用广泛，在整个智慧城市的建设中都起着不可替代的作用。

我国传感器行业从20世纪50年代开始，随着结构型传感器以及固体型传感器的出现与应用，国家意识到传感器在产业界的重要地位，所以在1986年“七五”计划中将传感器技术确定为国家重点攻关项目，自此打开了国内研究传感器的实质发展阶段，通过不断推进研发，目前已经形成较为完整的传感器产业链。尤其是近年来，传感器作为物联网重要的组成部分，被提到了新的高度，催生研发热潮，市场地位凸显。

（三）传感器技术的应用

传感器技术属于应用领域的技术，在应用中传感器真正体现出它的高附加效益并形成现实市场。从应用领域来看，工业、汽车电子、通信电子、消费电子四部分是传感器最大的市场。国内工业和汽车电子产品领域的传感器占比约为42%，而发展最快的是汽车电子和通信电子应用市场。在我国，传感器除在交通领域的智能应用外，还在智能工业领域的生产过程控制、安全生产，智能农业领域的精细化管理、农产品质量安全追溯，智能环保领域的污染源监控、水资源保护，智能医疗领域的特殊人群看护、远程医疗等方面应用广泛。尤其是在智能可穿戴设备方面，传感器更是获得了广泛应用，并将随着智能可穿戴设备的逐渐普及，迎来更大的发展。

1. 工业领域的应用。在现代化生产过程中，需用各种传感器来监视和控制生产过程的各个参量，使设备工作在最佳状态或正常状态，特别是传感器与计算机结合，使自动化过程变得更准确、快捷。如果没有传感器，现代化生产就失去基础，工业化程度大大降低。在工业生产过程中，必须对温度、压力、流量、液位和气体成分等参数进行检测，从而实现对工作状态的监控。诊断生产设备的各种情况，使生产系统处于最佳状态，从而保证产品质量，提高效益。目前传感器与微机、通信等的结合渗透，使工业监测自动化更准确、效率更高。如果没有传感器，现代工业生产程度将会大大降低。

2. 学科研究的应用。科学技术的不断发展，蕴生了许多新的学科领域，无论从宏观的宇宙，还是到微观的粒子世界，许多未知的现象和规律要获取大量人类感官无法获得的信息，没有相应的传感器是不可能实现的。

3. 军事方面的应用。传感器技术在军用电子系统的运用，促进了武器、作战指挥、控制、监视和通信方面的智能化。传感器在远方战场监视系统、防空系统、雷达系统、导弹系统等方面都有广泛的应用，是提高军事战斗力的重要因素。

4. 汽车电控系统中的应用。传感器在汽车中相当于感官和触角，只有它才能准确地采集汽车工作状态的信息，提高自动化程度。汽车传感器主要分布在发动机控制系统、底盘控制系统和车身控制系统。普通汽车上大约装有 10 ~ 20 只传感器，而高级豪华车有的使用传感器多达 300 个，因此传感器作为汽车电控系统的关键部件，它将直接影响到汽车技术性能的发挥。

5. 现代医学领域的应用。医学传感器作为摄取生命体征信息的五官，它的作用日益显著，并得到广泛应用。例如，在图像处理、临床化学检验、生命体征参数的监护监测，呼吸、神经、心血管疾病的诊断与治疗等方面，传感器的使用非常普遍，传感器在现代医学仪器设备中已无所不在。

6. 环境监测方面的应用。面临环境污染日益严重的问题，传感器能够起到对污染物进行连续、快速、在线监测的作用。目前，已有相当一部分生物传感器应用于环境监测中，如大气环境监测。二氧化硫是酸雨雾形成的主要原因，传统的检测方法很复杂。现在将亚细胞类脂类固定在醋酸纤维膜上，和氧电极制成安培型生物传感器，可对酸雨酸雾样品溶液进行检测，大大简化了检测方法。

7. 家用电器方面的应用。20 世纪 80 年代以来，随着以微电子为中心的技术革命的兴起，家用电器正向着自动化、智能化、节能、无环境污染的方向发展。自动化和智能化的中心就是研制由微电脑和各种传感器组成的控制系统。例如，一台空调采用微电脑控制配合传感器技术，可以实现压缩机的启动、停机、风扇摇头、风门调节、换气等，从而对温度、湿度和空气浊度进行控制。随着人们对家用电器方便、舒适、安全、节能的要求的提高，传感器的应用也将越来越广泛。

8. 智能建筑领域中的应用。智能建筑是未来建筑的一种必然趋势，它涵盖智能自动化、信息化、生态化等多方面的内容，具有微型集成化、高精度与数字化和智能化特征的智能传感器将在智能建筑中占有重要的地位。

9. 虚拟仪器中的应用。虚拟仪器就是在通用计算机上加上一些软件和硬件，使得使用者在操作这台计算机时就像在操作一台专用的电子仪器，虚拟仪器中常用的传感器有热电流、应变片、电流输出器件、RTD 等，具体应用了信号处理技术，其作用是放大、滤波、平滑与隔离。

二、无线传感器网络

（一）WSN 的功能

无线传感器网络主要有三个功能，即数据的采集、处理和传输，它与通信技术和计算机技术共同构成信息技术的三大支柱。无线传感器网络（WSN）通过无线通信方式形成的一个多跳的自组织的网络系统，其目的是协作地感知、采集和处理网络覆盖区域中被感知对象的信息，并发送给观察者。传感器、感知对象和观察者构成了无线传感器网络的三个要素。

无线传感器网络

无线传感器网络（Wireless Sensor Networks，WSNs）是由部署在监测区域内大量传感器节点相互通信形成的多跳自组织网络系统，是物联网底层网络的重要技术形式。随着无线通信、传感器技术、嵌入式应用和微电子技术的日趋成熟，WSNs 可以在任何时间、任何地点、任何环境条件下获取人们所需信息，为物联网（Internet of Things，IoT）的发展奠定基础。

WSN 网络体系由 5 个功能层和 3 个平台组成。5 个功能层包括应用层、传输层、网络层、数据链路层、物理层，与以太网结构对应。3 个平台包括能量管理平台、拓扑管理平台和任务管理平台，由这些平台来管理、协调传感网络节点，并支持多任务和资源共享（见图 2－5）。各层协议和管理平台的功能如下：

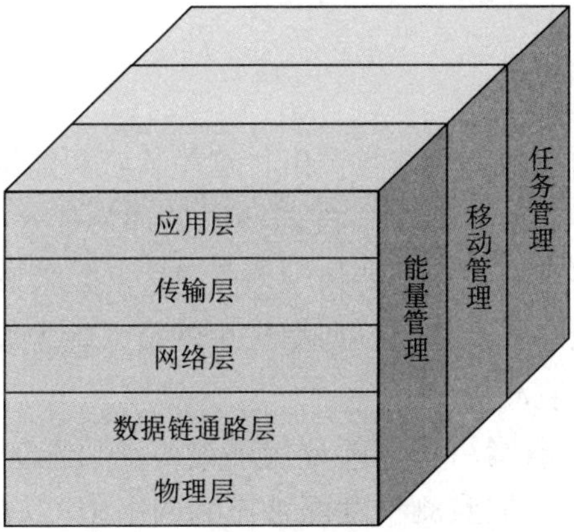

图 2－5　无线传感器网络体系

1. 物理层，提供简单但健壮的信号调制和无线收发技术；
2. 数据链路层，负责数据成帧、帧检测、媒体访问和差错控制；

3. 网络层，主要负责路由生成与路由选择；

4. 传输层，负责数据流的传输控制，是保证通信服务质量的重要部分；

5. 应用层，包括一系列基于监测任务的应用层软件；

6. 能量管理平台管理传感器节点如何使用能源，在各个协议层都需要考虑节省能量；

7. 移动管理平台检测并注册传感器节点的移动，维护到汇聚节点的路由，使传感器节点能够动态跟踪其邻居的位置；

8. 任务管理平台在一个给定的区域内平衡和调度监测任务。

WSN 的发展得益于微机电系统（Micro – Electro – Mechanism System，MEMS）、片上系统（System on Chip，SoC）、无线通信和低功耗嵌入式技术的飞速发展，并以其低功耗、低成本、分布式和自组织的特点带来了信息感知的一场变革。无线传感器网络就是由部署在监测区域内大量的廉价微型传感器节点组成，WSN 中的传感器通过无线方式通信，因此网络设置灵活，设备位置可以随时更改，还可以跟互联网进行有线或无线方式的连接。通过无线通信方式形成的一个多跳自组织网络。

（二）WSN 的特点

无线传感器网络的技术特点非常突出，这为其应用提供了广阔的空间。

1. 大规模。为了获取精确信息，在监测区域通常部署大量传感器节点，可能达到成千上万，甚至更多。主要体现为两点：一是传感器节点分布范围很大；二是传感器节点部署很密集。典型应用就是原始大森林采用传感器网络进行森林防火和环境监测。

2. 自组织。在传感器网络中，部分传感器节点可能失效，也有一些节点为了弥补失效节点、增加监测精度而补充到网络中，从而使网络的拓扑结构随之动态地变化。这些因素共同决定了网络拓扑的动态性。传感器网络的自组织性要求能够进行自组织通信，自调度网络功能以及自管理网络等。

3. 动态性。传感器网络的拓扑结构可能因为下列因素而改变。①环境因素或电能耗尽造成的传感器节点故障或失效。②环境条件变化可能造成无线通信链路带宽变化，甚至时断时通。③传感器网络的传感器、感知对象和观察者这三要素都可能具有移动性。④新节点的加入。这就要求传感器网络系统要能够适应这种变化，具有动态的系统可重构性。

4. 可靠性。WSN特别适合部署在恶劣环境或人类不宜到达的区域，节点可能工作在露天环境中，遭受日晒、风吹、雨淋，甚至遭到人或动物的破坏。传感器节点往往采用随机部署，如通过飞机撒播或发射炮弹到指定区域进行部署。这些都要求传感器节点非常坚固，不易损坏，适应各种恶劣环境条件。因此，传感器网络的软硬件必须具有鲁棒性和容错性。

5. 以数据为中心。在互联网中，网络设备用网络中唯一的IP地址标识，可以说现有的互联网是一个以地址为中心的网络。传感器网络是任务型的网络，以数据本身作为查询或传输线索，这种设计更接近于自然语言交流的习惯，所以传感器网络是一个以数据为中心的网络。

6. 集成化。传感器节点的功耗低，体积小，价格便宜，实现了集成化。其中，微机电系统技术的快速发展为无线传感器网络接点实现上述功能提供了相应的技术条件，未来，类似“灰尘”的传感器节点也将会被研发出来。

7. 协作方式执行任务。通过协作的方式，传感器的节点可以共同实现对对象的感知，得到完整的信息。这种方式可以有效克服处理和存储能力不足的缺点，共同完成复杂任务的执行。在协作方式下，传感器之间的节点实现远距离通信，可以通过多跳中继转发，也可以通过多节点协作发射的方式进行。

8. 节点即时唤醒。无线传感器网络中的节点根据唤醒信号，即时处于工作状态，这种工作模式可以获得较低的能耗损耗和较高的信息收益。

（三）WSN技术标准

维持网络运行，需要具有相应的技术标准，这些标准是形成相关网络协议的前提。传感器网络主要是无线传感器网络（WSN）面对现实需求，例如低功耗、实时性、低成本、抗干扰、安全及协作等诸多方面，都会存在客观要求。这些要求，就是 WSN 新技术、协议、标准发展的依据。

1. WSN 技术发展要求。

（1）设计灵活、自适应的网络协议体系结构。由于 WSN 面对的是大相径庭的应用背景，因此路由机制、数据传输模式、实时性和组网机制等都与传统网络有着极大的差异。设计一种功能可剪裁、灵活可重构并适用于不同应用需求的 WSN 协议体系结构是未来 WSN 发展的一个重要方向。

（2）跨层设计。WSN 采用分层的体系结构，各层的设计相互独立并具有一定的局限性，因此各层的优化设计并不能保证整个网络的设计最优。跨层设计可以在不相邻的协议层之间实现互动，从而达到平衡整个 WSN 性能的目的。

（3）与其他网络的融合。物联网就是将 WSN 与互联网、移动通信网络融合在一起，使 WSN 能够借助这两种传统网络传递信息，从而利用传感信息实现应用的创新。然而，WSN 与互联网的异构性决定了 WSN 无缝接入互联网的难度。

（4）提高能效。在无线传感器网络的研究中，能效问题一直是热点问题。当前的处理器以及无线传输装置依然存在向微型化发展的空间，但在无线网络中需要数量更多的传感器，种类也要求多样化，将它们进行链接，这样会导致耗电量的加大。如何提高网络性能，延长其使用寿命，将不准确性误差控制在最小将是下一步研究的问题。

（5）采集与管理数据。今后，无线传感器网络接收的数据量将会越来越大，但是当前的使用模式对于数量庞大的数据的管理和使用能力有限。如何进一步加快其时空数据处理和管理的能力，开发出新的模式将是非常有必要的。

（6）无线通信的标准问题。标准的不统一会给无线传感器网络的发展带来障碍，在接下来的发展中，要开发出无线通信标准。

2. 网络安全需求。

（1）数据机密性。数据机密性是重要的网络安全需求，要求所有敏感信息在存储和传输过程中都要保证其机密性，不得向任何非授权用户泄露信息的内容。

（2）数据完整性。有了机密性保证，攻击者可能无法获取信息的真实内容，但接收者并不能保证其收到的数据是正确的，因为恶意的中间节点可以截获、篡改和干扰信息的传输过程。通过数据完整性鉴别，可以确保数据传输过程中没有任何改变。

（3）数据新鲜性。数据新鲜性问题是强调每次接收的数据都是发送方最新发送的数据，以此杜绝接收重复的信息。保证数据新鲜性的主要目的是防止重放（Replay）攻击。

（4）可用性。可用性要求传感器网络能够随时按预先设定的工作方式向系统的合法用户提供信息访问服务，但攻击者可以通过伪造和信号干扰等方式使传感器网络处于部分或全部瘫痪状态，破坏系统的可用性，如拒绝服务（Denial of Service，DoS）攻击。

（5）鲁棒性。无线传感器网络具有很强的动态性和不确定性，包括网络拓扑的变化、节点的消失或加入、面临各种威胁等，因此，无线传感器网络对各种安全攻击应具有较强的适应性，即使某次攻击行为得逞，该性能也能保障其影响最小化。

（6）访问控制。访问控制要求能够对访问无线传感器网络的用户身份进行确认，确保其合法。

目前，WSN 主要的标准有：①IEEE 802.15.4，属于物理层和 MAC 层标准，由于 IEEE 组织在无线领域的影响力，以及 TI，ST，Ember，Freescale，NXP 等著名芯片厂商的推动，已成为 WSN 的事实标准。②Zigbee，该标准在 IEEE 802.15.4 之上，重点制定网络层、安全层、应用层的标准规范，先后推出了 Zigbee 2004，Zigbee 2006，Zigbee 2007/Zigbee PRO 等版本。③ISA100.11a，国际自动化协会 ISA 下属的工业无线委员会 ISA100 发起的工业无线标准。④WirelessHART，由国际上几个著名的工业控制厂商共同发起，致力于将 HART 仪表无线化的工业无线标准。⑤WIA－PA，中国科学院沈阳自动化所参与制定的工业无线国际标准。

（四）WSN 的应用

传感器网络用来感知客观物理世界，获取物理世界的信息量。客观世界的物理量多种多样，不可穷尽。不同的传感器网络应用关心不同的物理量，因此对传感器的应用系统也有多种多样的要求。

不同的应用对传感器网络的要求不同，其硬件平台、软件系统和网络协议必然会有很大差别。所以传感器网络不能像因特网一样，有统一的通信协议平台。对于不同的传感器网络应用虽然存在一些共性问题，但在开发传感器网络应用中，更关心传感器网络的差异。只有让系统更贴近应用，才能做出最高效的目标系统。针对每一个具体应用来研究传感器网络技术，这是传感器网络设计不同于传统网络的显著特征。

无线传感网络有着许多不同的应用。在工业界和商业界，它用于监测数据，而如果使用有线传感器，则成本较高且实现起来较为困难。无线传感器可以长期放置在荒芜的地区，用于监测环境变量，而不需要将他们重新充电再放回去。

无线传感网络的应用包括视频监视、交通监视、航空交通控制、机器人学、汽车、家居健康监测和工业自动化。在环境监控中一个典型的应用就是传感网（Sensor Web，或 SW）。

由于技术等方面的制约，WSN 的大规模商用还有待时日，但随着微处理器体积的缩小和性能的提升，已经有中小规模的 WSN 在工业市场上开始投入商用。其应用主要集中在以下领域：

1. 无线传感器网络环境监测。随着人们对于环境问题的关注程度越来越高，需要采集的环境数据也越来越多，无线传感器网络的出现为随机性的研究数据获取提供了便利，并且还可以避免传统数据收集方式给环境带来的侵入式破坏。比如，英特尔研究实验室研究人员曾经将 32 个小型传感器连进互联网，以读出缅因州某海岛上的气候，用来评价一种海燕的生存条件。无线传感器网络还可以跟踪候鸟和昆虫的迁移，研究环境变化对农作物的影响，监测海洋、大气和土壤的成分等。此外，它也可以应用在精细农业中，来监测农作物中的害虫、土壤的酸碱度和施肥状况等。

2. 无线传感器网络医疗护理。罗彻斯特大学的科学家使用无线传感器创建了一个智能医疗房间，使用微尘来测量居住者的重要征兆（血压、脉搏和呼吸）、睡觉姿势以及每天 24 小时的活动状况。英特尔也推出了基于 WSN 的家庭护理技术。该技术是作为探讨应对老龄化社会的技术项目（Center for Aging Services Technologies，CAST）的一个环节开发的。该系统通过在鞋、家具以家用电器等家中道具和设备中嵌入半导体传感器，帮助老龄人士、阿尔茨海默氏症患者以及残障人士的家庭生活，利用无线通信将各传感器联网可高效传递必要的信息从而方便接受护理，从而减轻护理人员的负担。英特尔主管预防性健康保险研究的董事 Eric Dishman 称："在开发家庭用护理技术方面，无线传感器网络是非常有前途的领域。"

3. 无线传感器网络军事领域。由于无线传感器网络具有密集型、随机分布的特点，使其非常适合应用于恶劣的战场环境，包括侦察敌情、监控兵力、装备和物资，判断生物化学攻击等多方面用途。美国国防部远景计划研究局已投资几千万美元，帮助大学进行"智能尘埃"传感器技术的研发。哈伯研究公司预测，智能尘埃式传感器及有关的技术销售将从 2004 年的 1 000 万美元增加到 2010 年的几十亿美元。

4. 无线传感器网络目标跟踪。DARPA 支持的 Sensor IT 项目探索如何将 WSN 技术应用于军事领域，实现所谓"超视距"战场监测。UCB 的教授主持的 Sensor Web 是 Sensor IT 的一个子项目，原理性地验证了应用 WSN 进行战场目标跟踪的技术可行性。翼下携带 WSN 节点的无人机（UAV）飞到目标区域后抛下节点，最终随机布撒在被监测区域，利用安装在节点上的地震波传感器可以探测到外部目标，如坦克、装甲车等，并根据信号的强弱估算距离，综合多个节点的观测数据，最终定位目标，并绘制出其移动的轨迹。虽然该演示系统在精度等方面还远达不到装备部队用于实战的要求，这种战场侦察模式尚未应用于实战，但随着美国国防部将其武器系统研制的主要技术目标从精确制导转向目标感知与定位，相信 WSN 提供的这种新颖的战场侦察模式会受到军方的关注。

5. 无线传感器网络其他用途。WSN 还被应用于一些危险的工业环境如井矿、核电厂等，工作人员可以通过它来实施安全监测，也可以用在交通领域作为车辆监控的有力工具。此外，还可以用在工业自动化生产线等诸多领域。英特尔正在对工厂中的一个无线网络进行测试，该网络由 40 台机器上的 210 个传感器组成，这样组成的监控系统可以大大改善工厂的运作条件。它可以大幅降低检查设备的成本，同时因为可以提前发现问题，所以能够缩短停机时间，提高效率，并延长设备的使用时间。尽管无线传感器技术仍处于初步应用阶段，但已经展示出了非凡的应用价值，相信随着相关技术的发展和推进，一定会得到更大的应用。

第四节　感知技术——MEMS 技术和定位技术

一、MEMS 技术

微机电系统（MEMS），是在微电子技术基础上发展起来的多学科交叉所产生的新兴技术。经过 40 多年的发展，已成为世界瞩目的重大科技领域之一。它涉及电子、机械、材料、物理学、化学、生物学、医学等多种学科与技术，具有广阔的应用前景。MEMS 传感器是采用微电子和微机械加工技术制造出来的新型传感器。

MEMS

MEMS（Micro Electromechanical System）是指采用微机械加工技术可以批量制作的，集微型传感器、微型机构、微型执行器以及信号处理和控制电路、接口、通信等于一体的微型器件或微型系统。

（一）MEMS 系统组成及信号流图

MEMS 是指尺寸在几毫米乃至更小的传感器装置，其内部结构一般在微米甚至纳米量级，是一个独立的智能系统。简单理解，MEMS 就是将传统传感器的机械部件微型化后，通过三维堆叠技术，如三维硅穿孔 TSV 等技术把器件固定在硅晶元（Wafer）上，最后根据不同的应用场合采用特殊定制的封装形式，最终切割组装而成的硅基传感器。受益于普通传感器无法企及的 IC 硅片加工批量化生产带来的成本优势，MEMS 同时又具备普通传感器无法具备的微型化和高集成度。与传统的传感器相比，它具有体积小、重量轻、成本低、功耗低、可靠性高、适于批量化生产、易于集成和实现智能化的特点。同时，微米量级的特征尺寸使得它可以完成某些传统机械传感器所不能实现的功能。

完整的 MEMS 包括微传感器、微执行器、信号处理和控制电路、通信接口、电源等部件，可集成在一个芯片中，其构成如图 2－6 所示。

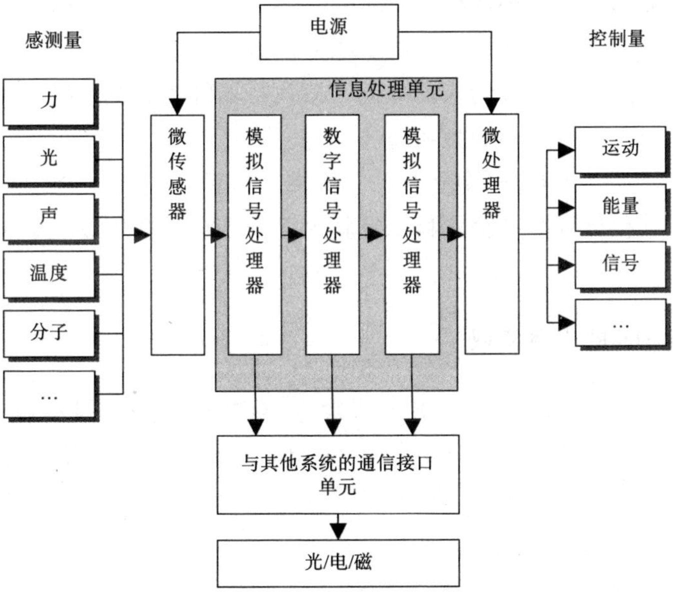

图 2－6　MEMS 系统组成及信号流

（二）MEMS 的优势

1. 微型化。MEMS 器件体积小，一般单个 MEMS 传感器的尺寸以毫米甚至微米为计量单位，重量轻、耗能低。同时，微型化以后的机械部件具有惯性小、谐振频率高、响应时间短等优点。MEMS 更高的表面体积比（表面积比体积）可以提高表面传感器的敏感程度。

2. 硅基加工工艺。硅基加工工艺可兼容传统 IC 生产工艺。硅的强度、硬度和杨氏模量与铁相当，密度类似铝，热传导率接近钼和钨，同时可以在很大程度上兼容硅基加工工艺。

3. 批量生产。以单个 5mm × 5mm 尺寸的 MEMS 传感器为例，用硅微加工工艺在一片 8 英寸的硅片晶元上可同时切割出大约 1 000 个 MEMS 芯片，批量生产可大大降低单个 MEMS 的生产成本。

4. 集成化。一般来说，单颗 MEMS 往往在封装机械传感器的同时，还会集成 ASIC 芯片，控制 MEMS 芯片以及转换模拟量为数字量输出，同时不同的封装工艺可以把不同功能、不同敏感方向或运动方向的多个传感器或执行器集成于一体，或形成微传感器阵列、微执行器阵列，甚至把多种功能的器件集成在一起，形成复杂的微系统。

5. 多学科交叉。MEMS 涉及电子、机械、材料、制造、信息与自动控制、物理、化学和生物等多种学科，并集约了当今科学技术发展的许多尖端成果。

（三）MEMS 的应用领域

受益于物联网产业的快速发展，将会给 MEMS 行业带来巨大的发展潜力。除了智能手机，MEMS 传感器将会在 AR/VR、可穿戴等消费电子，智能驾驶、智能工厂、智慧物流、智能家居、环境监测、智慧医疗等物联网领域广泛应用。

封装技术与 IC 封装有着诸多不同，对企业的要求很高。众所周知，MEMS 器件价格下降非常之快，目前部分 MEMS 器件中封装成本甚至占到总价格的 40% ~60% 。如何做到低成本封装是封测厂商面临的巨大挑战。

1. 可穿戴设备的应用。小米手环采用 ADI 的 MEMS 加速度和心率传感器来实现运动和心率监测，Apple Watch 内部除了 MEMS 加速度计、陀螺仪、MEMS 麦克风外，还使用了脉搏传感器。

2. VR 应用。虚拟现实（Virtual Reality，VR）技术，设备需要足够精确测定头部转动的速度、角度和距离，采用 MEMS 加速度计、陀螺仪和磁力计来进行测定是重要的解决方案之一，几乎成为 VR 设备的标配。市面上热门的几款 VR 都采用了 MEMS 加速度计和陀螺仪，未来 VR 设备也可能会使用 MEMS 眼球追踪技术。

3. 无人机应用。在无人机飞行姿态控制技术上，MEMS 传感器结合加速度计和陀螺仪，可以算出角度变化，并确定位置和飞行姿态。MEMS 传感器能在各种恶劣条件下正常工作，同时获得高精度的输出。

4. 车联网应用。车联网是物联网发展的重大领域，作为车联网核心的智能汽车正处于高速发展中。在智能汽车时代，主动安全技术成为备受关注的新兴领域，需要改进现有的主动安全系统，如侧翻（Rollover）与稳定性控制（ESC），这就需要 MEMS 加速度传感器和角速度传感器来感测车身姿态。语音将成为人与智能汽车的重要交互方式，MEMS 麦克风将迎来发展新机遇。MEMS 传感器在汽车领域还有很多应用，包括安全气囊（应用于正面防撞气囊的高 g 值加速度计和应用于侧面气囊的压力传感器）、汽车发动机（应用于检测进气量的进气歧管绝对压力传感器和流量传感器）等。

5. 自动驾驶应用。自动驾驶技术的兴起，进一步推动了 MEMS 传感器进入汽车。虽然 GPS 接收器可以计算自身位置和速度，但在 GPS 信号较差的地方（地下车库、隧道）和信号受到干扰的时候，汽车的导航会受到影响，这对自动驾驶来说是致命的缺陷。利用 MEMS 陀螺仪和加速度计获取速度和位置（角速度和角位置），车辆任何细微的动作和倾斜姿态，都被转化为数字信号，通过总线传递给行车电脑，即便在最快的车速状态下，MEMS 的精度和反应速度也能够适应。这些得益于硅体微加工、晶片键合等技术的发展，精度已经上升到 0.01。

6. 工业应用。MEMS 使得传感器小型化、智能化，MEMS 传感器将在智慧工业时代大有可为。MEMS 温度、湿度传感器可用于环境条件的检测，MEMS 加速度计可以用来监测工业设备的振动和旋转速度。高精度的 MEMS 加速度计和陀螺仪可以为工业机器人的导航和转动提供精确的位置信息。

二、定位技术

万物互联，就要实现任何时间、任何事物、任何地点之间的连接，定位技术就必不可少。定位技术是一种应用广泛的高科技技术，目前常见的定位技术主要有 PPD 定位技术、GPS 卫星定位、蓝牙定位、Wi – Fi 网络定位、北斗定位、GPRS/CDMA 移动通信技术定位等。在无线定位技术中，需要先测量无线电波的传输时间、幅度和相位等参数，然后利用特定算法对参数进行计算，从而判断被测物体的位置。这些计算工作可以由终端来完成，也可以由网络来完成。

（一）定位方式

1. 根据测量和计算实体的不同，定位技术分为基于移动终端的定位技术、基于网络定位的技术和混合定位技术三大类。基于移动终端的定位就是由终端自主完成定位计算，大致可分为测量和计算两个步骤，测量时需要专门的定位系统提供支持，最常见的定位系统是卫星导航系统，如 GPS。基于网络的定位技术就是在已知位置的基站或接入点上附加某些装置，测量从移动终端发出的无线电信号参数，如传播时间、时间差、信号强度、信号相位和入射角等，从而利用特定的定位算法计算出移动终端的位置。混合定位技术就是把不同定位系统融合起来，扬长避短，以提高定位精度。最常见的是移动通信网络与 GPS 的混合定位技术——辅助 GPS（A – GPS），另外还有 GPS 与数字电视地面广播系统（Digital Television Terrestrial Multimedia Broadcasting，DTMB）的混合定位技术等。

2. 根据定位场景的不同，定位技术可分为室外定位技术和室内定位技术两种。室外定位技术主要有基于卫星和移动通信网的定位等。另外，军事雷达也属于室外定位技术，只是常用于搜索探测目标。很多定位技术是采用雷达原理实现的，如超声波定位等。在室外环境下，全球定位系统（GPS）、北斗定位系统（BDS）等全球导航卫星系统（GNSS）为用户提供米级的位置服务，基本解决了在室外空间中进行准确定位的问题，并在日常生活中得到了广泛的应用。在建筑内部、地下和恶劣环境中，经常接收不到 GPS 或移动通信网信号，或者接收到的信号不可靠，而且用 GPS 定位时需要首先寻找卫星，初始定位慢，设备耗能高，这时就需要采用室内定位技术。随着通信技术和无线网络的不断发展与普及，室内定位技术也层出不穷，其定位精度在几米到几十米的范围内，并在特定的行业内得到了一定的应用，如 A－GPS（Assistant－GPS，辅助全球定位技术）、红外线定位、超声波定位、蓝牙定位、射频识别定位、惯性传感器定位、基站定位、Wi－Fi 室内定位、超宽带定位等。

3. 按照定位系统或网络的不同，定位技术可分为基于卫星导航系统、蜂窝基站、无线局域网、RFID、超声波、激光或磁感应设备的定位等。

4. 按照计算方法的不同，定位技术可分为基于三角和运算的定位、基于场景分析的定位和基于临近关系的定位三种。基于三角和运算的定位利用几何三角的关系计算被测物体的位置，是最主要、应用最为广泛的一种定位技术，也可细分为基于距离或角度的测量。基于场景分析的定位可以对特定环境进行抽象和形式化，用一些具体量化的参数描述定位环境中的各个位置，并用一个特征数据库把采集到的信息集成在一起，该技术常常用于无线局域网定位系统中。基于临近关系的定位是根据待定物体与一个或多个已知位置参考点的临近关系进行定位，这种定位技术需要使用唯一的标识确定已知的各个位置，如移动蜂窝网络中的基于枢的定位、全自动集装箱码头中的基于磁钉（即磁导航传感器，如霍尔传感器等）的自动导向车（AGV）定位等。

（二）国内目前主要的定位技术

国内目前主要有 GPS 定位、北斗卫星定位、基站定位、Wi－Fi 定位和蓝牙定位。

1. GPS 定位。GPS 定位是最常见的定位技术，在生活中随处可见，如手机中百度地图，高德地图；汽车常见的导航地图都应用了 GPS 定位技术。

2. 北斗卫星定位。北斗卫星定位是中国自主研发的，利用地球同步卫星为用户提供全天候、区域性的卫星定位系统。它能快速确定目标或者用户所处地理位置，向用户及主管部门提供导航信息。北斗卫星导航系统在 2008 年的汶川地震抗震救灾中发挥了重要作用。在当地通信设施严重受损的情况下，通过北斗卫星系统实现各点位各部门之间的联络，精确判定各路救灾部队的位置，以便根据灾情及时下达新的救援任务。现阶段，北斗卫星应用于民事的比较少，而市面上也可以看到有北斗手机和北斗汽车导航。

3. 基站定位。基站定位一般应用于手机用户，手机基站定位服务又叫作移动位置服务（Location Based Service，LBS），它是通过电信移动运营商的网络（如 GSM 网）获取移动终端用户的位置信息（经纬度坐标），在电子地图平台的支持下，为用户提供相应服务的一种增值业务，例如目前中国移动动感地带提供的动感位置查询服务等。

4. Wi－Fi 定位。每台设备比如手机，都包含全球唯一的 MAC 地址。只要能够搜索到 Wi－Fi 信号，就能获得该设备的 MAC 地址，并把他当成唯一标识。服务器端都有一个 AP 的坐标数据，Wi－Fi 定位是通过一个或者多个 AP 设备的坐标来计算得出的。

5. 蓝牙定位。蓝牙 Beacon-Beacon 是指支持蓝牙 4.0 的低功耗设备。通过广播蓝牙信号，它可用于地理围栏和室内定位功能。Beacon 硬件因为成本低、功耗小、工作时间长、易于部署，目前主要用于室内定位，具有广泛的应用前景。用户终端扫描定位 Beacon 的信号，经过定位引擎处理可以计算出用户当前的位置。蓝牙定位算法具有定位精度高、定位延迟低、设备成本低等优势。目前，室内场景下，终端定位精度可以达到 60%～70% 的可靠性在 2 米以内，定位精度达到 80% 以上的可靠性在 3 米以内，定位延迟 1～2 秒。

第三章 物联网的保障性技术

物联网要运行，需要感知技术实现感知识别功能，同时也需要网络运行、平台运行、由软硬件组成的应用系统等功能，这就要有通信服务、运营服务、应用开发等技术来提供保障。

第一节 现代通信技术

现代通信技术所研究的就是随着科技的不断发展，如何采用最新的技术来不断优化通信的各种方式，让人与人的沟通变得更为便捷，有效。它是在传统模拟通信技术的基础上，随着数字信号处理技术，逐渐形成的一门新学科。作为物联网技术的基础，现代通信技术的进步能够直接对物联网技术水平的提升产生积极的影响，对人类未来的发展有着极大的意义。

现代通信技术不仅限于传统的文字、数字传递，也能够实现图像、语音、视频等各类数据文件的实时传递，应用范围十分广泛。如今，现代通信技术已被广泛应用于我们工作、生活中所涉及的各个领域，现代通信技术的广泛应用，大幅度拓宽了我们所能够接触到的信息范围，极大地丰富了我们的生活、方便了我们的工作。在当前信息化程度极高的社会中，现代通信技术从根源上支持着我们整个社会的发展，为我们人类的进一步发展贡献着力量。

一、有线通信技术

所谓的有线通信，指的是必须借助于一些有形的媒介来对信号进行传输，而利用这些有形媒介来进行信息传输的技术就被称为有线通信技术。一般而言，有线通信技术中所使用的传输媒介是电线或者光缆，电线和光缆可以有效地对电信号进行传输，在接收端接收到这些电信号之后，再通过特定的设备对其进行翻译，从而获得相应的信息。

有线通信在成本方面往往更高，而有线通信技术的成本主要就是来自通信设备，而且有线通信技术往往也更加容易受到介质的限制，同时也正是因为依托于有形的媒介，才使得信息的传输更为稳定可靠，不容易受到外界的干扰。有线通信技术对于人体的健康也更加有益，因为它不会产生大量的辐射。此外，有线通信技术的服务品质往往更高，利用有线通信技术可以进入更为复杂的传输介质，而且在传输的过程中也可以更加有效地保证信息的可靠度。有线通信技术可以在故障出现之前，对信息进行有效的保护，从而避免信息的丢失，所以说有线通信在人们的生活中仍然发挥着十分重要的作用，尤其是对于对通信质量要求较高的客户，有线通信技术往往是更好的选择。

（一）有线网络

该技术是利用同轴电缆和双绞线来组成计算机网络的。有线网是通信网络的重要组成部分，目前传统的固话业务还是使用传统的有线网通信，有线网还是工业通信的主要形式，这主要是因为工业环境的电磁环境一般比较恶劣，如果使用无线通信，则传输信号很容易受到强电磁环境的干扰，无法适应工业通信对通信可靠性要求高的特点，严重时还会导致安全生产事故。此外，采用无线通信，对通信设备也有很高的要求。然而，有线网通信业有自身的一些缺陷，由于其通信介质采用的是金属材料，在传输过程中会产生较大的传输损耗，在传输过程中，要使用到一些功率放大装置，这会大大增加其传输的耗能。此外，金属在传输高频率电信号时，会产生很严重的涡流效应，这大大阻碍了其传输速率的提高，无法满足当今高速网络对通信的要求。目前，有线网通信越来越朝着光纤化、宽带化的趋势发展。

（二）新兴通信技术—光纤通信

该通信是一种新兴的通信技术，其快速发展和应用，对当今的社会产生了非常大的影响，使得高速网络通信真正变成了现实。光纤通信之所以发展得如此迅猛，是因为其技术优势非常突出。光纤通信的频带非常宽，通信的信息量是传统的通信技术所无法比拟的，其对信息的传递速率更快，承载的信息量更为巨大，且光纤通信具有损耗低、通信距离长、抗干扰能力强、保密性好的特点，其高效的信息传输特点主要源自于其超常规的工作原理。在光纤通信中，使用的是可以传递光的材料作为介质，信息是以光信号的形式在光纤中进行传递的，由于光的频率非常高，这会让信息具有更快的传输速度，且由于光具有天生抗干扰能力强的特点，因此在传递过程中，很难受到其他信号的干扰。使用光纤通信，还有一个最大的优势，这便是其频带很宽，如果需要扩展频带，只需利用另外频率的光进行通信即可，且光之间并不会产生相互干涉，这会进一步扩大其频宽。此外，光纤材料的资源也非常丰富，其成本也往往较低，由于其质地柔软，非常便于对其进行安装和运输，其寿命也很长，一般的光纤都可以连续使用几十年而不用更换。光纤通信由于上述优点，造成光纤技术的发展和应用较快，是通信历史上的一次重要革命。

（三）有线通信的发展趋势

有线通信技术和无线通信技术的相互借鉴。有线接入和无线接入都是在共享的介质上开展多业务、多客户通信的。在两者的发展历史上，经常会出现技术相互借鉴的情况，如果一方的技术可以通过改造应用到另一方，就可以大大降低开发成本。例如，我们以前使用的有线电视就属于一种有线通信技术的很好应用，但是随着无线机顶盒的出现，大家渐渐淘汰了利用有线看电视的情况，给人们观看电视提供了更多的方便，该无线机顶盒技术就是有效借鉴了有线网络电视技术，信息的组网和传播模式基本相同，只不过是信息的传播渠道变了，在原有技术的基础上稍加改造，不仅获得了良好的应用效果，还大大降低了对技术的开发成本。

有线通信和无线通信技术共同为互联网技术服务。随着信息时代的到来，人们对于网络的依赖性越来越高，并对网络连接的便利性提出了更高的要求，为此，在现实的互联网中，有线通信和无线通信相互配合应用的情况越来越多，有线网络通信主要负责对信息的高速传播，无线网络通信主要为了支持对于客户的无线互联，为客户的无线登入网络提供方便。我们生活中的 Wi－Fi 网络就是一个很好的例子，服务器和服务器之间连接还是使用传统的有线通信，Wi－Fi 可以在线移动支持很多无线互联设备，如智能手机和笔记本电脑，充分发挥无线连接的优势。在未来的通信技术发展中，无线通信技术和有线通信技术一定会更加充分地融合，从而使网络的信息传播速率更高，对网络信息的使用更加方便。

有线通信技术将会对安全性、灵活性、可靠性提出更高的要求。随着信息时代的到来，对信息传播的可靠性提出了更高的要求，有线网络已经开始着手在网络通信中采用先进的信息容错技术和网络数据监测技术，对网络中的数据进行实时监控，统计信息传输发生问题的次数，通过技术人员对统计信息的研究，可以及时找出信息传输错误发生的原因，再采取有针对性的解决措施，进一步提高信息传播的准确率。这是无线通信技术当前所无法实现的。

全光网络。目前虽然光纤通信已经非常普及，但在信息的接入端，还是要使用传统的有线通信，这会在很大程度上影响网络通信的速率，在未来的发展过程中，终端的有线通信会被逐渐替代，慢慢发展成为全光式的通信模式。该技术还是在探索阶段，需要在降低通信设备成本上下大工夫，但已经展示了良好的发展前景。

二、无线通信技术

无线通信是利用电磁波信号在自由空间中传播的特性进行信息交换的一种通信方式。无线通信技术自身有很多优点，成本较低，无线通信技术不必建立物理线路，更不用大量的人力去铺设电缆，而且无线通信技术不受环境的限制，对抗环境的变化能力较强，故障诊断也较为容易，相对于传统的有线通信的设置与维修，无线网络的维修可以通过远程诊断完成，更加便捷；扩展性强，当网络需要扩展时，无线通信不需要扩展布线；灵活性强，无线网络不受环境、地形等限制，而且在使用环境发生变化时，无线网络只需要做很小的调整，就能适应新环境的要求。

常见的无线通信传输方式及技术分为两种：近距离无线通信技术和远距离无线传输技术。

（一）近距离无线通信技术

近距离无线通信技术是指通信双方通过无线电波传输数据，并且传输距离在较近的范围内，其应用范围非常广泛。近年来，应用较为广泛及具有较好发展前景的近距离无线通信标准有：Zig - Bee、蓝牙（Bluetooth）、无线宽带（Wi - Fi）、超宽带（UWB）和近场通信（NFC）。

1. Zig - Bee 技术。Zig - Bee 是基于 IEEE802. 15. 4 标准而建立的一种近距离、低功耗的无线通信技术。Zig - Bee 来源于蜜蜂群的通信方式，由于蜜蜂（Bee）是靠飞翔和“嗡嗡”（Zig）地抖动翅膀来向同伴发出食物源的方向、位置和距离等信息，从而构成了蜂群的通信网络。其特点是：距离近，通常的传输距离是 10 ~ 100m；低功耗，在低耗电待机模式下，2 节 5 号干电池可支持 1 个终端工作 6 ~ 24 个月，甚至更长；低成本，Zig - Bee 免协议费，芯片价格便宜；低速率，通常 Zig - Bee 工作在 20kbps ~ 250kbps 的较低速率；短时延，Zig - Bee 的响应速度较快等。主要适用于家庭和楼宇控制、工业现场自动化控制、农业信息收集与控制、公共场所信息检测与控制、智能型标签等领域，可以嵌入各种设备。

2. 蓝牙（Bluetooth）技术。能够在 10m 的半径范围内实现点对点或一点对多点的无线数据和声音传输，其数据传输带宽可达 1Mbps，通信介质为频率在 2.402GHz 到 2.480GHz 的电磁波。蓝牙技术可以广泛应用于局域网络中各类数据及语音设备，如 PC、拨号网络、笔记本电脑、打印机、传真机、数码相机、移动电话和高品质耳机等，实现各类设备之间随时随地进行通信。

蓝牙技术被广泛应用于无线办公环境、汽车工业、信息家电、医疗设备以及学校教育和工厂自动控制等领域，蓝牙目前存在的主要问题是芯片较大和价格较高，以及抗干扰能力较弱。

3. 无线宽带（Wi－Fi）技术。它是一种基于 802.11 协议的无线局域网接入技术。(Wi－Fi）技术突出的优势在于它有较广的局域网覆盖范围，其覆盖半径可达 100m 左右，相比于蓝牙技术，（Wi－Fi）覆盖范围较广；传输速度非常快，其传输速度可以达到 11mbps（802.11b）或者 54mbps (802.11.a)，适合高速数据传输的业务；无须布线，可以不受布线条件的限制，非常适合移动办公用户的需要。在一些人员密集的地方，比如火车站、汽车站、商场、机场、图书馆、校园等地方设置"热点"，可以通过高速线路将因特网接入上述场所，用户只需要将支持无线网络的终端设备置于该区域内，即可高速接入因特网，Wi－Fi 技术健康安全，具有 Wi－Fi 功能的产品发射功率不超过 100 毫瓦，实际发射功率约 60～70 毫瓦，与手机、手持式对讲机等通信设备相比，Wi－Fi 产品的辐射更小。

4. 超宽带（UWB）技术。UWB 是一种无载波通信技术，利用纳秒至微微秒级的非正弦波窄脉冲传输数据，其传输距离通常在 10m 以内，使用 1GHz 以上带宽，通信速度可以达到几百兆 bit/s 以上，UWB 的工作频段范围从 3.1GHz 到 10.6GHz，最小工作频宽为 500MHz。其主要特点是：传输速率高；发射功率低，功耗小；保密性强；UWB 通信采用调时序列，能够抗多径衰落；UWB 所需要的射频和微波器件很少，可以减小系统的复杂性。

由于 UWB 系统占用的带宽很高，UWB 系统可能会干扰现有其他无线通信系统。UWB 主要应用在高分辨率“较小范围”，要求能够穿透墙壁、地面等障碍物的雷达和图像系统中。

这种装置可以用来检查楼房、桥梁、道路等工程的混凝土和沥青结构中的缺陷，以及定位地下电缆及其他管线的故障位置，也可用于疾病诊断。另外，在救援、治安防范、消防及医疗、医学图像处理等领域都大有用途。

5. NFC 技术。NFC 是一种新的近距离无线通信技术，其工作频率为 13.56MHz，由 13.56MHz 的射频识别（RFID）技术发展而来，它与目前广为流行的非接触智能卡 ISO14443 所采用的频率相同，这就为所有的消费类电子产品提供了一种方便的通信方式。NFC 采用幅移键控（ASK）调制方式，其数据传输速率一般为 106 kbit/s ~ 424 kbit/s。NFC 的主要优势是：距离近、带宽高、能耗低，与非接触智能卡技术兼容，其在门禁、公交、手机支付等领域有着广阔的应用价值。

（二）远距离无线传输技术

远距离无线传输技术：目前偏远地区广泛应用的无线通信技术主要有 GPRS/CDMA、数传电台、扩频微波、无线网桥及卫星通信、短波通信技术等。它主要使用在较为偏远或不宜铺设线路的地区，如煤矿、海上、有污染或环境较为恶劣地区等。

1. 无线通信技术。GPRS（通用无线分组业务）是由中国移动开发运营的一种基于 GSM 通信系统的无线分组交换技术，是介于第二代和第三代之间的技术，通常称为 2.5G，它是利用包交换概念发展的一种无线传输方式。包交换就将数据封装成许多独立的包，再将这些包一个一个传送出去，形式上有点类似寄包裹，其优势在于有资料需要传送时才会占用频宽，而且是以资料量计价，有效地提高了网络的利用率。GPRS 网络同时支持电路型数据和分组交换数据，从而 GPRS 网络能够方便地和因特网互相连接，相比原来的 GSM 网络的电路交换数据传送方式，GRRS 的分组交换技术具有实时在线、按量计费、高速传输等优点。

码分多址（CDMA）是由中国电信运行的一种基于码分技术和多址技术的新的无线通信系统，其原理基于扩频技术。

所谓4G指的是第四代移动通信技术，4G技术又称IMT-Advanced技术。很多组织给4G下了不同的定义，而ITU代表了传统移动蜂窝运营商对4G的看法，认为4G是基于IP协议的高速蜂窝移动网，现有的各种无线通信技术从现有3G演进，并在3GLTE阶段完成标准统一。

4G相比之前的技术，不仅能够实现对数据信息、音频、视频和图像等内容的快速高质量传输，还能够将下载速度提升至100Mbps以上，可以说能够满足用户关于无线服务的所有要求，因此有着无可比拟的优越性，得到了广大用户的喜爱和支持。4G移动通信技术已经得到了越来越广泛的应用，而5G移动通信技术也已经处于研发阶段。

5G指的是第五代移动电话行动通信标准，也称第五代移动通信技术。

2. 数传电台通信。数传电台是数字式无线数据传输电台的简称。它是采用数字信号处理、数字调制解调、具有前向纠错、均衡软判决等功能的一种无线数据传输电台。数传电台的工作频率大多使用220MHz-240MHz或400MHz-470MHz频段，具有数话兼容、数据传输实时性好、专用数据传输通道、一次投资、没有运行使用费、适用于恶劣环境、稳定性好等优点。数传电台的有效覆盖半径约有几十公里，可以覆盖一个城市或一定的区域。数传电台通常提供标准的RS-232数据接口，可直接与计算机、数据采集器、RTU、PLC、数据终端、GPS接收机、数码相机等连接。数传电台在航空航天、铁路、电力、石油、气象、地震等各个行业均有应用，在遥控、遥测、摇信、遥感等SCADA领域也取得了长足的进步和发展。

3. 扩频微波通信。扩频通信，即扩展频谱通信技术，是指其传输信息所用信号的带宽远大于信息本身带宽的一种通信技术。最早始用于军事通信。它传输的基本原理是将所传输的信息用伪随机码序列（扩频码）进行调制，伪随机码的速率远大于传送信息的速率，这时发送信号所占据带宽远大于信息本身所需的带宽从而实现了频谱扩展，同时发射到空间的无线电功率谱密度也有大幅度的降低。在接收端则采用相同的扩频码进行相关解调并恢复信息数据。其主要特点是：抗噪声能力极强；抗干扰能力极强；抗衰落能力强；抗多径干扰能力强；易于多媒体通信组网；具有良好的安全通信能力；不干扰同类的其他系统等，同时具有传输距离远、覆盖面广等特点，特别适合野外联网应用。

4. 无线网桥。无线网桥是无线射频技术和传统的有线网桥技术相结合的产物。无线网桥是为使用无线（微波）进行远距离数据传输的点对点网间互联而设计，它是一种在链路层实现 LAN 互联的存储转发设备，可用于固定数字设备与其他固定数字设备之间的远距离（可达 50Km）、高速（可达百兆 bps）无线组网。扩频微波和无线网桥技术都可以用来传输对带宽要求相当高的视频监控等大数据量信号传输业务。

5. 卫星通信。卫星通信是指利用人造地球卫星作为中继站来转发无线电信号，从而实现在多个地面站之间进行通信的一种技术，它是地面微波通信的继承和发展。卫星通信系统通常由两部分组成，分别是卫星端、地面端。卫星端在空中，主要用于将地面站发送的信号放大再转发给其他地面站。地面站主要用于对卫星的控制、跟踪以及实现地面通信系统接入卫星通信系统。

卫星可分为同步卫星和非同步卫星，同步卫星在空中的运行方向和周期与地球的自转方向及周期相同，从地面的任何位置看，该卫星都是静止不动的；非同步卫星的运行周期大于或小于地球的运行周期，其轨道高度“倾角”形状都可根据需要调整。

卫星通信的特点是：覆盖范围广，工作频带宽，通信质量好，不受地理条件限制，成本与通信距离无关等，主要用在国际通信、国内通信、军事通信、移动通信和广播电视等领域。卫星通信的主要缺点是通信具有一定的延迟，比如打卫星电话时，不能立即听到对方回话，主要原因是卫星通信的传输距离较长，无线电波在空中传输是有一定延迟的。

6. 短波通信。按照国际无线电咨询委员会的划分，短波是指波长 10 ~ 100m，频率为 3MHZ ~ 30MHZ 的电磁波。短波通信是指利用短波进行的无线电通信，又称高频（HF）通信。短波通信可分为地波传播和天波传播。

地波传播的衰耗随工作频率的升高而递增，在同样的地面条件下，频率越高，衰耗越大。利用地波只适用于近距离通信，其工作频率一般选在5MHZ以下。地波传播受天气影响小，比较稳定，信道参数基本不随时间变化，故信道可视为恒参信道。天波传播是无线电波经电离层反射来进行远距离通信的方式，倾斜投射的电磁波经电离层反射后，可以传到几千千米外的地面。天波的传播损耗比地波小得多，经地面与电离层之间多次反射之后，可以达到极远的地方，因此，利用天波可以进行环球通信。天波传播因受电离层变化和多径传播的严重影响极不稳定，其信道参数随时间而急剧变化，因此称为变参信道。短波通信的特点是建设维护费用低、周期短、设备简单、电路调度容易、抗毁能力强、频段窄、通信容量小、天波信道信号传输稳定性差等。

第二节 物联网的运行平台

物联网平台作为设备、信息、数据交互和处理的核心节点在全球范围内的发展持续升温，成为企业在物联网上布局的新机遇。物联网平台能够打破垂直应用形成的信息孤岛，推动物联网产业链上下游企业的合作，并利用平台数据衍生新的物联网服务，成为整个物联网产业生态的核心环节。同时，物联网平台自身的技术不断与云计算、大数据等技术融合演进，市场前景和商业价值也不断被挖掘，成为物联网持续运营和产业规模不断扩大的关键。

一、物联网平台

现在国际上对于物联网平台并没有统一的标准和定义，物联网平台的主要目的是解决物联网终端设备差异和物联网能力高门槛问题，可称为物联网PaaS服务平台。该平台将传统物联网应用开发模式转换为新型的开发服务模式，通过抽取应用开发的共性逻辑，形成通用组件和应用开发框架，减少物联网应用开发周期和难度，提供应用开发环境和运行环境，促进物联网能力应用的集约化，通过汇聚物联网能力达到数据聚合的目的，最终实现物联网产业聚合和数据共享变现。目前物联网平台仍处于探索和发展阶段，电信运营商也在逐步完善物联网平台的功能和框架。物联网平台是连接上游芯片模组甚至智能硬件厂家与下游物联网应用的枢纽，涉及环节较多，在运营及与合作伙伴的合作过程中需要不断进行完善。

（一）物联网平台的一般性框架

物联网平台通过协议适配帮助智能终端快速接入云端，采用数据存储、分析等对采集而来的数据进行预处理和深度分析，挖掘物联网的数据价值，结合物联网业务逻辑、开发模板和开放能力实现物联网应用的快速孵化。

物联网平台是物联网应用开发和运营管理的核心部件，侧重解决如下需求：

终端通信需求。提供通信 API 和接口，屏蔽移动系统内容及智能终端的各类通信协议，简化终端与应用接入，使应用与终端的交互像在互联网上一样便捷。

应用开发需求。提供代码、API、组件、模板等不同颗粒度及封装级别的应用开发素材库，满足个性化的物联网终端和应用开发需要，同时支持应用的动态加载和部署，降低应用开发难度，降低物联网终端和应用开发的成本。

数据分析需求。提供物联网数据的存储和共享机制，打通不同物联网终端与应用数据之间的关系，将人、系统及互联的“物”连接起来，让数据更加可用、更具可操作性。

针对上述的物联网应用平台需求，物联网平台架构大致如图 3－1 所示。

1. 基本功能。

（1）设备管理：设备管理包括设备配置和实时监控管理，维护接入平台设备的状态和运行情况，支持对设备的远程固件或软件升级。

（2）网络适配管理：面向智能终端支持多种网络接入协议，目前主流的协议有 CoAP、MQTT、LWM2M。协议适配的方式有三种：一是网关直接适配终端协议；二是采用 Agent + 网关方式，在智能终端上嵌入 Agent，主要适用于有一定操作系统的智能终端；三是采用芯片模组定制的方式直接与芯片模组厂家合作，在出厂的芯片模组中嵌入与云平台或者 App 交互的协议。

（3）安全管理：云端平台与设备之间需要提供认证，保证认证的设备接入认证的平台，提供安全的物联网通信。

（4）设备数据管理：将终端采集的数据按照用户自定义格式进行分类、隔离、存储，涉及的关键技术包括数据流实时处理、物联网数据模板、海量数据存储。

（5）解析管理：按照一定格式模板将终端采集的数据进行解析和映射，以便不同终端数据信息能够共享和互通。

（6）规则管理：提供数据规则设置，满足一定条件时可触发对数据、应用的操作与服务。

（7）数据分析：对终端采集而来的数据进行预处理和后处理，挖掘数据价值，为企业合作伙伴提供分析参考。

2. 系统运行基本要求。

（1）能力开放：开放终端硬件接口、平台接口、应用 App 接口，降低物联网终端厂家、物联网应用开发者、政企行业的准入门槛。

（2）业务编排：基于已经接入的智能终端、采集的数据和在平台沉淀的能力，提供依据行业流程进行编排并生成新的服务和能力。

（3）应用托管：提供云托管服务协助应用部署。

（4）应用监控：面向开发者和应用服务商提供应用运行状态的监控与维护。

3. 平台运营管理功能。

（1）合作伙伴管理：对开发者、企业等合作伙伴进行管理，包括信息管理、权限分配等。

（2）业务管理：对部署在平台的应用和相关平台服务流程进行管理。

（3）商务管理：提供合作伙伴与终端及应用的关系管理，调用平台能力的签约管理等。

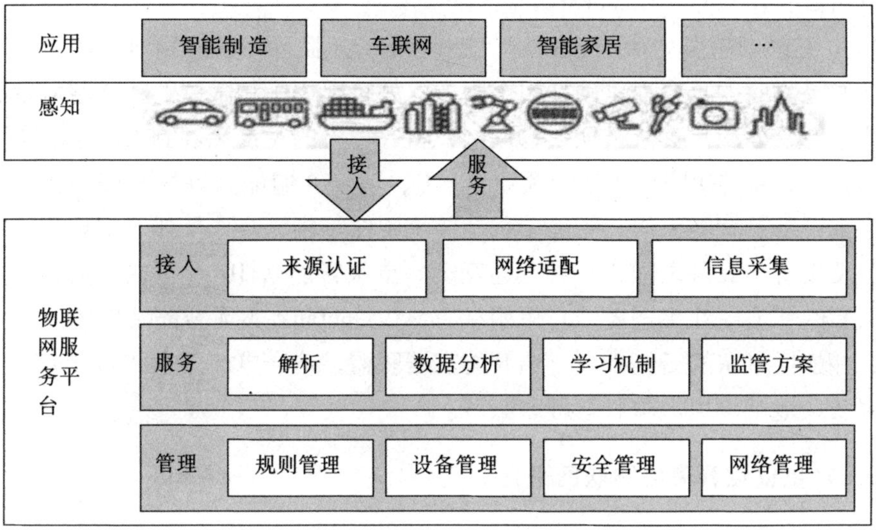

图 3－1　物联网平台一般性框架

（二）互联网公司的物联网平台

以自身优势应用和资源为核心，以抢占物联网入口为目标，通过能力开放提供结合用户群、渠道等渗透物联网业务的应用。目前，互联网企业的物联网平台为应用支持类平台，可分为两种类型。

1. 以智能手机操作系统为基础的物联网平台。这类平台以智能手机作为平台中枢和纽带，通过手机对接入的各类感知设备进行实时监控和反向控制。

这类平台的典型代表是苹果公司的 iOS + home – kit。这是一种家庭自动化平台，可使得厂商开发出的智能家居产品能利用 iOS 设备，如 iPhone、iPad 的触控或 Siri 语音控制来操控设备。在 2016 年 6 月发布的 iOS 10 操作系统中已经整合了 homekit 平台。目前支持 HomeKit 的周边商品主要以 Hub

或 Bridge 为主，搭配支持 HomeKit 的 App 即可控制各式智能家电。例如，Broadcom 已推出嵌入式无线连网设备（WICED），通过内建的 Wi－Fi 和蓝牙功能可以支持 Apple HomeKit 平台的产品。

2. 以互联网超级应用为入口提供物联网平台服务。目前最典型的平台是微信作为物联网平台提供硬件超级服务。如腾讯 QQ 和微信的物联智能硬件开放平台，以用户关系链切入物联网，将人与人的关系拓展到人与物、物与物的关系，将 QQ 账号体系及关系链、QQ 消息通道能力等核心能力提供给可穿戴设备、智能家居、智能车载、传统硬件等领域合作伙伴，实现用户与设备及设备与设备之间的互联互通互动。京东智能云 JD＋ 也在打造一个多方共赢的智能硬件生态链，它采用私有协议 JoyLink 实现智能硬件的互联互通，并依托京东的智能平台打造智能家居联盟，结合电商渠道和智能方案面向家装、地产等提供微联智慧家服务。

（三）电信运营商的物联网平台

聚合产业链合作伙伴和协同创新发展成为电信运营商提供平台服务的核心思路，能力开放和产品孵化成为电信运营商布局平台层的关键抓手，而终端、网络和平台的协同发展则是运营商物联网平台快速发展的综合优势。在平台方面，运营商将自身具有的测试、认证、计费、安全等能力打包对外开放，一方面带来直接收益，另一方面聚集优质合作伙伴。基于运营商的个人用户和政企用户资源优势，提供物联网 PaaS 平台，为政企行业提供端到端解决方案，为开发者提供开发、测试、托管、推广等服务。例如，中国移动 OneNet 为各种跨平台应用、行业解决方案提供简便的云端接入、存储、计算和展现，通过协议适配支持智能硬件快速接入，通过 API 和应用模板支持应用开发。Verizon ThingSpace 简化物联网应用程序的开发与部署，协助开发人员进行企业开发、测试、部署，推广 IoT 应用，计划陆续开放数百个 API，已经开放终端连接管理、设备数据采集和云存储 API。

此外，与此相关还有传统电信设备供应商提供的物联网平台。设备供应商依托其在行业和运营商领域的经验和资源，通过整合大颗粒业务提供平台的运营与服务，打造物联网 PaaS 服务平台，注重提供完整的端到端解决方案。例如，华为的物联网平台面向物与物、人与物的 IoT 连接管理平台，支持多种垂直行业集成，提供多样化设备接入整体解决方案，与合作伙伴集成各种应用解决方案产品，形成端到端方案，并在营销、行销和品牌展示过程中与合作伙伴一起创新孵化。爱立信 SEP 打造物联网生态系统的水平化业务平台，覆盖物联网业务应用整个环节，倾向于做解决方案提供商，为运营商或企业提供物联网使能的整体解决方案，通过技术服务或者合作运营的方式提供平台技术支撑。

（四）中介性质的运营商的物联网平台

一是以云服务为核心的物联网平台。利用云服务的经验和已有增值组件，以及对海量消息处理和路由的积累，侧重解决物联网终端与云端互联互通问题。例如，亚马逊 AWS IoT 依托自身云平台优势，为物联网设备提供采集、存储、分析与行动的云端平台，通过开源 AWS IoT 设备 SDK，与多家硬件制造商建立合作，免费提供 12 个月的云服务，包含每个月 250 000 条免费消息。微软 Azure IoT 是物联网的集成解决方案，利用 Azure 相关能力连接设备记录数据，并整合编排数据、管理、分析提供给决策者，以软件认证授权方式为主，发布 Azure IoT 认证项目，供软硬件厂商加入。

二是 M2M 服务商的物联网平台。以自身优势应用和资源为核心，以抢占物联网入口为目标，通过能力开放提供结合用户群、渠道等渗透物联网业务的应用。利用物联网行业软硬件服务经验与功能，通过开放硬件、平台能力接口以及服务，提供物联网端到端解决方案。例如，PTC Thingworx 是为智能互联解决方案而设计的应用程序平台，提供与设备的连接、交互、管理以及数据的管理等。杰升科技机智云是智能硬件自助开发及云服务平台，提供 IoT PaaS 服务和企业 SaaS 服务，机智云对项目进行开源，包括 GoKit 开源套件，面向物联网创业者提供技术支持，如通过自助开发工具、免费 GoKit 开发套件等提供开发服务。

二、数据采集、大数据、数据挖掘

（一）数据采集

在物联网系统中，数据的采集是一项重要的基础性工作和关键性环节，随着物联网的飞速发展，对前端数据采集的需求与日俱增，需要通过数据采集终端将海量的环境数据汇聚起来，如温湿度、辐射、噪声等，供后续的数据分析、设备控制与信息处理。

数据采集，又称数据获取，是利用一种装置，从系统外部采集数据并输入到系统内部的一个接口。数据采集技术广泛应用在各个领域，如摄像头、麦克风，都是数据采集工具。

被采集数据是已被转换为电讯号的各种物理量，如温度、水位、风速、压力等，可以是模拟量，也可以是数字量。采集一般是采样方式，即隔一定时间（称采样周期）对同一点数据重复采集。采集的数据大多是瞬时值，也可是某段时间内的一个特征值。准确的数据测量是数据采集的基础。数据量测方法有接触式和非接触式，检测元件多种多样。不论哪种方法和元件，均以不影响被测对象状态和测量环境为前提，以保证数据的正确性。数据采集含义很广，主要是对各种物理量的获取。在计算机辅助制图、测图、设计中，对图形或图像数字化过程也可称为数据采集，此时被采集的是几何量（或包括物理量，如灰度）数据。

数据采集的目的是为了测量电压、电流、温度、压力或声音等物理现象。基于 PC 的数据采集，通过模块化硬件、应用软件和计算机的结合，进行测量。尽管数据采集系统根据不同的应用需求有不同的定义，但各个系统采集、分析和显示信息的目的却都相同。数据采集系统整合了信号、传感器、激励器、信号调理、数据采集设备和应用软件。

随着现代 IT 技术的发展，数据采集领域已经发生了重要的变化。首先，分布式控制应用场合中的智能数据采集系统在国内外已经取得了长足的发展。其次，总线兼容型数据采集插件的数量不断增大，与个人计算机兼容的数据采集系统的数量也在增加。国内外各种数据采集机先后问世，将数据采集带入了一个全新的时代。

（二）大数据

物联网大数据是当前物联网行业发展的热点之一。根据 GSMA 报告，到 2025 年，全球物联网数据产生的经济效益将达到 6.7 万亿美元，各个领域行业应用间的互操作和数据互通还将带来额外 4.4 万亿美元的经济效益，其中数据互通贡献为 60%，市场前景非常可观。目前 IBM、亚马逊、BAT 等互联网企业以及各大电信运营商均纷纷瞄准了物联网大数据市场，开始尝试向用户提供物联网数据开放以及数据分析服务，并在智慧城市、车联网、电子健康、机器人、智能家居、智慧农业、智能电网等众多物联网行业领域得到逐步应用。除了各大公司的商业化推动，ITU－T、GSMA 等各大国际标准化组织也对物联网大数据表示出足够的重视，开始制定物联网大数据相关标准，部分标准已经发布。

1. 大数据的概念。对于“大数据”（Big data），研究机构 Gartner 给出了这样的定义：“大数据”是需要新处理模式才能具有更强的决策力、洞察发现力和流程优化能力来适应海量、高增长率和多样化的信息资产。

麦肯锡全球研究所给出的定义是：一种规模大到在获取、存储、管理、分析方面大大超出了传统数据库软件工具能力范围的数据集合，具有海量的数据规模、快速的数据流转、多样的数据类型和价值密度低四大特征。

大数据技术的战略意义不在于掌握庞大的数据信息，而在于对这些含有意义的数据进行专业化处理。换而言之，如果把大数据比作一种产业，那么这种产业实现盈利的关键，在于提高对数据的“加工能力”，通过“加工”实现数据的“增值”。

大数据需要特殊的技术，以有效处理大量具有内在联系和价值的数据。适用于大数据的技术，包括大规模并行处理（MPP）数据库、数据挖掘、分布式文件系统、分布式数据库、云计算平台、互联网和可扩展的存储系统。

2. 大数据的结构。大数据包括结构化、半结构化和非结构化数据，非结构化数据越来越成为数据的主要部分。据 IDC 的调查报告显示：企业中80%的数据都是非结构化数据，这些数据每年都按指数增长60%。大数据就是互联网发展到现今阶段的一种表象或特征，在以云计算为代表的技术创新大幕的衬托下，这些原本看起来很难收集和使用的数据开始容易被利用起来了，通过各行各业的不断创新，大数据会逐步为人类创造更多的价值。

3. 大数据的运用。大数据的价值体现在以下几个方面：

（1）对大量消费者提供产品或服务的企业可以利用大数据进行精准营销。

（2）作为加工模式的中小微企业可以利用大数据做服务转型。

（3）面临互联网压力之下必须转型的传统企业需要与时俱进，充分利用大数据的价值。

（三）数据挖掘

数据挖掘（Data Mining），是数据库知识发现（Knowledge – Discovery in Databases，KDD）中的一个步骤。数据挖掘一般是指从大量的数据中通过算法搜索隐藏于其中信息的过程。数据挖掘通常与计算机科学有关，并通过统计、在线分析处理、情报检索、机器学习、专家系统和模式识别等诸多方法来实现上述目标。

随着移动通信和行动装置的普及、物联网和网络的发展，以及云端技术的不断进步，现今数据产生、搜集和储存方式比以往更为方便。数据挖掘与大数据分析可以从海量数据中找到值得参考的样型或规则，转换成有价值的信息从而创造更多新价值。数据挖掘技术目前广泛应用在银行、电信、保险、交通、零售、企业危机管理、市场营销等领域。

1. 数据挖掘常用的方法。利用数据挖掘进行数据分析常用的方法主要有分类、回归分析、聚类、关联规则、特征、变化和偏差分析、Web 页挖掘等，它们分别从不同的角度对数据进行挖掘。

2. 数据挖掘的功能。数据挖掘通过预测未来趋势及行为，做出前瞻的、基于知识的决策。数据挖掘的目标是从数据库中发现隐含的、有意义的知识，主要包括自动预测趋势和行为、关联分析、聚类分析、概念描述、偏差检测等功能。

数据挖掘与传统的数据分析（如查询、报表、联机应用分析）的本质区别是数据挖掘是在没有明确假设的前提下去挖掘信息、发现知识。数据挖掘所得到的信息应具有先前未知，有效和可实用三个特征。

先前未知的信息是指该信息是预先未曾预料到的，即数据挖掘是要发现那些不能靠直觉发现的信息或知识，甚至是违背直觉的信息或知识，挖掘出的信息越是出乎意料，就可能越有价值。

三、云计算、智能（模糊）分析技术

（一）云计算

云计算是实现物联网的核心。运用云计算模式，使物联网中数以兆计的各类物品的实时动态管理和智能分析变得可能。从物联网的结构看，云计算将成为物联网的重要环节。物联网与云计算的结合必将通过对各种能力资源共享、业务快速部署、人物交互新业务扩展、信息价值深度挖掘等多方面的促进带动整个产业链和价值链的升级与跃进。物联网强调物物相连，设备终端与设备终端相连，云计算能为连接到云上设备终端提供强大的运算处理能力，以降低终端本身的复杂性。二者都是为满足人们日益增长的需求而诞生的。

云计算（Cloud Computing）基于互联网的相关服务的增加、使用和交付模式，通常涉及通过互联网来提供动态易扩展且经常是虚拟化的资源。云是网络、互联网的一种比喻说法。过去往往用云来表示电信网，后来也用来表示互联网和底层基础设施的抽象。因此，云计算甚至可以让你体验每秒 10 万亿次的运算能力，拥有这么强大的计算能力可以模拟核爆炸、预测气候变化和市场发展趋势。用户通过电脑、笔记本、手机等方式接入数据中心，按自己的需求进行运算。

对云计算的定义很多，现阶段广为接受的是美国国家标准与技术研究院（NIST）的定义：云计算是一种按使用量付费的模式，这种模式提供可用的、便捷的、按需的网络访问，进入可配置的计算资源共享池（资源包括网络、服务器、存储、应用软件、服务），这些资源能够被快速提供，只需投入很少的管理工作，或与服务供应商进行很少的交互。

（二）云计算的特点

云计算是通过使计算分布在大量的分布式计算机上，而非本地计算机或远程服务器中，企业数据中心的运行将与互联网更相似。这使企业能够将资源切换到需要的应用上，根据需求访问计算机和存储系统。云计算的特点主要有以下几点：

1. 超大规模。“云”具有相当的规模，Google 云计算已经拥有上百万台服务器，Amazon、IBM、微软、Yahoo 等的“云”均拥有几十万台服务器。企业私有云一般拥有数百上千台服务器。“云”能赋予用户前所未有的计算能力。

2. 虚拟化。云计算支持用户在任意位置使用各种终端获取应用服务。所请求的资源来自“云”，而不是固定的有形的实体。应用在“云”中某处运行，但实际上用户无须了解，也不用担心应用运行的具体位置，只需要一台笔记本或者一个手机，就可以通过网络服务来实现我们需要的一切，甚至包括超级计算这样的任务。

3. 高可靠性。“云”使用了数据多副本容错、计算节点同构可互换等措施来保障服务的高可靠性，使用云计算比使用本地计算机可靠。

4. 通用性。云计算不针对特定的应用，在“云”的支撑下可以构造出千变万化的应用，同一个“云”可以同时支撑不同的应用运行。

5. 高可扩展性。“云”的规模可以动态伸缩，满足应用和用户规模增长的需要。

6. 按需服务。“云”是一个庞大的资源池，你按需购买；云可以像自来水、电、煤气那样计费。

7. 极其廉价。由于“云”的特殊容错措施可以采用极其廉价的节点来构成云，“云”的自动化集中式管理使大量企业无须负担日益高昂的数据中心管理成本，“云”的通用性使资源的利用率较之传统系统大幅提升，因此用户可以充分享受“云”的低成本优势。

8. 潜在风险。云计算服务除了提供计算服务外，还必然提供了存储服务，这也必然伴随数据泄露的危险。

（三）智能分析技术

随着智能分析技术的进步，其应用领域得到了广泛的发展，尤其是在物联网当中的应用，成为物联网发展的重要一环。

1. 智能分析技术的概念。智能分析技术指计算机图像视觉分析技术，是人工智能研究的一个分支，它在图像及图像描述之间建立映射关系，从而使计算机能够通过数字图像处理和分析来理解视频画面中的内容。

详细来说，通过将场景中背景和目标分离进而分析并追踪在摄像机场景内出现的目标。用户可以根据视频内容分析功能，通过在不同摄像机的场景中预设不同的报警规则，一旦目标在场景中出现了违反预定义规则的行为，系统会自动发出报警，监控工作站自动弹出报警信息并发出警示音，用户可以通过点击报警信息，实现报警的场景重组并采取相关措施。

2. 智能分析技术的分类。一般地，智能分析技术可以从应用领域、产品形态和技术角度来划分。

从应用领域来划分，可将其分为两类：①安防领域的应用，协助政府或其他机构的安全部门提高室外大地域公共环境的安全防范，比如高级视频移动侦测、物体追踪、任务面部识别、车辆识别和非法滞留等。②非安防领域的应用，主要面向零售、服务等行业，可以被看作管理和服务的辅助工具，用以提高服务水平和营业额，比如人数统计、人群控制、注意力控制、交通流量控制等。

从产品形态来划分，可将其分为两类：①前端智能产品。前端智能产品如智能摄像机，目前有实现车辆检测的车辆抓拍摄像机、实现区域入侵等功能的目标检测报警摄像机、实现人类检测抓拍的摄像机等，智能摄像机自带分析功能，系统架构简单，同时目前的摄像机 DSP 处理能力已经完全能运行各种较为复杂的分析算法，分析效果和后端产品基本相同。②后端服务器产品。服务器产品有软件开发周期短、项目应用灵活、改造项目适用性强等特点。

从技术角度来划分，可将其分为两类，①采用画面分割前景提取等方法对视频画面中的目标进行提取检测，通过各种不同的规则来区分不同的事件，从而实现不同判断并产生相应的报警联动等。②利用模式识别技术，对画面中特定的物体进行建模，并通过大量样本进行训练，从而达到对视频画面中的特定物体进行检测及相关应用，如车辆检测、人脸检测、人头检测等应用。

第三节　物联网技术的重要发展

物联网技术呈现出快速发展的态势，新的研发成果和新的应用层出不穷，令人应接不暇。技术更新迭代有些以产品的形式出现，有些以模式、标准的方式体现。这其中，有的技术进步带有全局性影响，影响领域和作用都非常大，这里就有三网融合技术、嵌入技术、NB－IoT 技术和 5G 技术。

一、三网融合技术

三网融合是指电信网、广播电视网、互联网在向宽带通信网、数字电视网、下一代互联网演进过程中，三大网络通过技术改造，其技术功能趋于一致，业务范围趋于相同，网络互联互通、资源共享，能为用户提供语音、数据和广播电视等多种服务。三网融合并不意味着三大网络的物理合一，而主要是指高层业务应用的融合。三网融合应用广泛，遍及智能交通、环境保护、政府工作、公共安全、平安家居等多个领域。手机可以看电视、上网，电视可以打电话、上网，电脑也可以打电话、看电视。三者之间相互交叉，形成你中有我、我中有你的格局。

物联网实质上是一个由感知层、网络层和应用层共同构成的庞大的社会信息系统。物联网的发展更多地取决于网络的发展，物联网的很多应用都需要网络来支撑，三网融合为物联网的发展提供了条件，为物联网进入家庭搭建互联奠定了基础。

物联网为三网融合提供了应用切入点，电信、电视等运营商都除了提供基础的网络服务外，还想利用各自的服务手段、技术手段、公信力和客户群在物联网发展中扮演关键的重要角色，成为海量数据处理和信息管理服务提供商。

（一）融合层次

三网融合，在概念上从不同角度和层次上分析，涉及技术融合、业务融合、行业融合、终端融合及网络融合。

1. 基础数字技术。数字技术的迅速发展和全面采用，使电话、数据和图像信号都可以通过统一的编码进行传输和交换，从而使数据、音频和视频各种内容（无论其特性如何）通过不同的网络来传输、交换、选路处理和提供，并通过数字终端存储起来或以视觉、听觉的方式呈现在人们的面前。数字技术已经在电信网和计算机网中得到了全面应用，并在广播电视网中迅速发展起来。数字技术的迅速发展和全面采用，使话音、数据和图像信号都通过统一的数字信号编码进行传输和交换，为各种信息的传输、交换、选路和处理奠定了基础。

2. 宽带技术。宽带技术的主体就是光纤通信技术。网络融合的目的之一是通过一个网络提供统一的业务。若要提供统一业务就必须要有能够支持音视频等各种多媒体（流媒体）业务传送的网络平台。这些业务的特点是业务需求量大、数据量大、服务质量要求较高，因此在传输时一般都需要非常大的带宽。另外，从经济角度来讲，成本也不宜太高。这样，容量巨大且可持续发展的大容量光纤通信技术就成了传输介质的最佳选择。宽带技术特别是光通信技术的发展为传送各种业务信息提供了必要的带宽、传输质量和低成本。作为当代通信领域的支柱技术，光通信技术正以每 10 年增长 100 倍的速度发展，具有巨大容量的光纤传输是“三网”理想的传送平台和未来信息高速公路的主要物理载体。

3. 软件技术。软件技术是信息传播网络的神经系统，软件技术的发展，使得三大网络及其终端都能通过软件变更最终支持各种用户所需的特性、功能和业务。现代通信设备已成为高度智能化和软件化的产品。今天的软件技术已经具备三网业务和应用融合的实现手段。

4. IP 技术。内容数字化后，还不能直接承载在通信网络介质之上，还需要通过 IP 技术在内容与传送介质之间搭起一座桥梁。IP 技术（特别是 IPv6 技术）的产生，满足了在多种物理介质与多样的应用需求之间建立简单而统一的映射需求，可以顺利地对多种业务数据、多种软硬件环境、多种通信协议进行集成、综合、统一，对网络资源进行综合调度和管理，使各种以 IP 为基础的业务都能在不同的网络上实现互通。IP 协议的普遍采用，使得各种以 IP 为基础的业务都能在不同的网上实现互通，具体下层基础网络是什么已无关紧要。

光通信技术的发展，为综合传送各种业务信息提供了必要的带宽和传输高质量，成为三网业务的理想平台。软件技术的发展使得三大网络及其终端都通过软件变更，最终支持各种用户所需的特性、功能和业务。统一的 TCP/IP 协议的普遍采用，将使得各种以 IP 为基础的业务都能在不同的网上实现互通。人类首次具有统一的为三大网都能接受的通信协议，从技术上为三网融合奠定了最坚实的基础。

（二）三网融合的优势

三网融合能有效实现网络资源共享，减少重复建设。三网融合打破了各个部门各自为战建设发展、技术上互不兼容的格局。2015 年 9 月 4 日，国务院印发了《三网融合推广方案》，明确了互相进入的准则。电信网络经过改造升级后，也可以进行电视节目的传输，使电信网络可以传输电信和广电信号。三网融合要求在进行网路改造时，实现各网络之间的有效互转，保证信息、语音、视频的传输过程互不干扰，保证三个网络系统传输稳定。通过 IP 地址查找，向相应区域用户提供视频信息的同时，也让电信业务和广电业务的效果得以完成，也就使数字电视在这样的网络技术中更加具有丰富性和多样性。经过三网融合升级改造后的电信网络，它的传输速度更快、功能更强大。所以，三网融合后实现了传统意义上的电信网、广电网和互联网的资源整合，融合后的网络实现了资源平台的共建和共享，避免了对原网络的大范围的重复改建。通过三网融合以后，网络的运行费用和维护费用都相对传统的三个网络独立运行时更低，这满足了网络运行的低维护成本的需求。

三网融合能够提供更为丰富的产品和服务。随着社会公众对信息消费需求多样化的变化，三网融合可以进一步提供相关产品。例如，网上购物、4G 移动通信、网络订票等。融合的业务种类包括人们工作和生活的多个领域，既可以满足客户的个人需求，也能够满足企业、政府用户的集团需求。

三网融合能够降低消费成本。由于以前固定电话、移动电话、有线电视和互联网由不同的企业提供服务，所以一个家庭要分别与移动运营商、固定运营商、广电企业等打交道。经过三网融合后，这些信息服务企业能够将这些业务整合打包提供给用户，加上统一标准和统一账单等，这些都有利于降低顾客的消费成本。

三网融合能够提升信息化水平。三网融合后，能够优化网络运行的环境，减少家庭生活成本，也降低了企业的运行成本，所以有利于促进经济增长和促进我国信息技术快速发展。三网融合使网络信息资源共享，拓展了信息市场。无论是从企业还是个人，城市还是农村，丰富的信息资源和足够大的竞争平台让全民的信息化技术水平能更好地发展和提高。

加快三网融合的全面推进，有利于打破视频传输行业高度垄断、重复建设和恶性竞争的现状，提升行业运营效率和服务水平，有利于形成全国统一的信息通信网络平台和创造新的服务和运营机制，进而推动信息产业的转型、全民消费的升级和社会民生的改善。

（三）三网融合的网络架构

当前各主要网络都支持TCP/IP标准协议，因此我们以该协议作为核心协议，进行多网络的融合。TCP它是由多个数据通信协议组成的套件。虽然该套件中有很多协议，但传输控制协议（TCP）和互联网协议（IP）是其中最重要的两个协议，所以套件以它们的名字来命名，并称为TCP/IP簇，简称TCP/IP（见图3－2）。

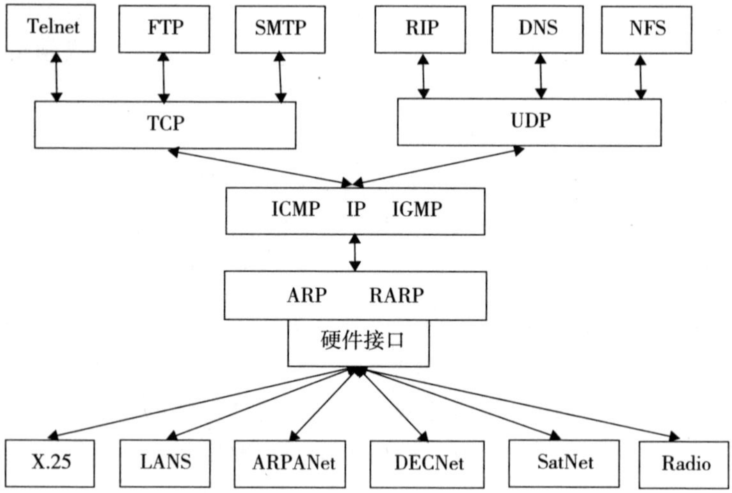

图3－2 TCP/IP协议簇

目前，计算机网使用的协议绝大部分是TCP/IP，TCP/IP经历三十多年的发展，逐渐得以完善和成熟，并成为网络市场中事实上的网络通信协议标准。互联网网络体系结构以TCP/IP为核心。基于TCP/IP的参考模型将协议分成四个层次，它们分别是：应用层、网际互联层、传输层（主机到主机）和网络访问层。

1. 应用层。应用层对应于开放式系统互联（Open System Interconnect，OSI）参考模型的高层，为用户提供所需要的各种服务，例如：FTP（File Transfer Protocol，文本传输协议）、Telnet，DNS（Domain Name System，域名

系统)、SMTP (Simple Mail Transfer Protocol，简单邮件传输协议) 等。

2. 传输层。传输层对应于 OSI 参考模型的传输层，为应用层实体提供端到端的通信功能。该层定义了两个主要的协议：传输控制协议 (TCP) 和用户数据报协议 (UDP)，TCP 提供的是一种可靠的、面向连接的数据传输服务，而 UDP 提供的是不可靠的、无连接的数据传输服务。

3. 网际互联层。网际互联层对应于 OSI 参考模型的网络层，主要解决主机到主机的通信问题。该层有 4 个主要协议：网际协议 (Internet Protocol，IP)、地址解析协议 (AdressResolution Protocol，ARP)、互联网组管理协议 (Internet Group Management Protocol，IGMP) 和互联网控制报文协议 (Internet Control Message Protocol，ICMP)，IP 是网际互联层最重要的协议，它提供的是一个不可靠、无连接的数据传递服务。

4. 网络访问层。网络访问层与 OSI 参考模型中的物理层和数据链路层相对应。事实 TCP/IP 本身并未定义该层的协议，而由参与互连的各网络使用自己的物理层和数据链路层协议，然后与 TCP/IP 的网络访问层进行连接。

电信网、互联网、广播电视网相互融合，它们的物理层将所有资源进行共享，并将所有的信息资源对所有业务经营者共享，融合之后，三大网络的功能基本相同，通过多种接入方式达到对多种业务的统一服务 (见图 3-3)。

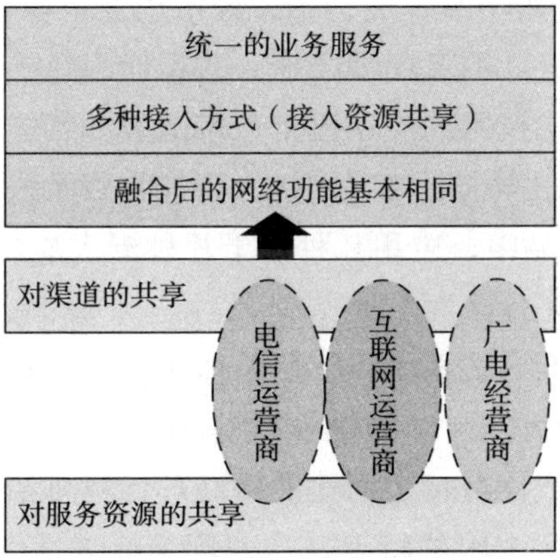

图 3-3　三网融合后的网络架构

不同网络的数据在 IP 层融合。长途电话的语音数据根据协议标准形成 IP 包，IP 包使用相应的链路层协议，可以在以太网、有线电视网等任意的网络中传输。最后到达网关，该网关根据相应协议将数据转成 PSTN 中的信令和语音数据发送给相应的接收端，最终实现提供多种业务的目的。

二、嵌入式技术

（一）嵌入式技术及其特征

嵌入式技术是嵌入式系统目标的实现方式，嵌入式系统最早是以 MCU 的面貌出现的。MCU（Microcontroller Unit），即微控制单元，又称单片机或单片微型计算机（Single Chip Microcomputer）。MCU 与 CPU 技术同源，MCU 是把 CPU（Central Process Unit，即中央处理器）的主频等功能参数适当减挡，成为新的计算机，新的计算机将内存、A/D 转换、接口标准及协议等都进行整合，形成芯片级的计算机。工业控制、自动控制中，计算机发挥着十分重要的作用，MCU 的应用大大改善了控制质量，因为 MCU 微型化、可嵌入，使处理器更加贴近控制对象，大大降低信息通信量，从而提高了反应速度。

随着 MCU 技术及应用不断发展，相关技术理念也在发展演变。MCU 是微型计算机的嵌入应用，此后又出现了嵌入式操作系统、嵌入式软件这样的嵌入式技术。现在嵌入式技术的应用已十分广泛，如智能手机、电视等家用电器、汽车、机器人、扫描仪、数字相机、智能收费系统等。很多领域随处都可见到 MCU，有些产品中，应用几种、十几种嵌入式技术很常见。

那么，嵌入式技术是什么呢？

嵌入式技术是实现嵌入式系统目标的具体手段、方式，嵌入式系统围绕实际应用，根据实际应用中具体功能需求，按微处理方向对需要的软件和硬件进行组合、集成，形成具有特定用途的微处理计算机系统。

嵌入式系统具有十分突出的特点，这表现为嵌入性、集成性、专用性、高效性。

1. 嵌入性。“嵌入”是比较形象的表达，嵌入式系统既有硬件的集成并微处理化，也有软件的集成并微处理化，那么这个“嵌入”就不单单是硬件的植入、嵌入，也包含软件的引入。也就是说，嵌入式系统通过植入、嵌入、引入“嵌入对象”，使微处理计算机与对象成为一体。这样，嵌入对象往往系统内核小，尺寸也小。

2. 集成性。嵌入式系统是微处理计算机，虽然它小到芯片级，但它却整合汇集了计算机的存储器、内存、总线及总线控制器、定时器、计数器、数据转换、接口标准及协议，而且这样的功能集合必须要以保证系统高效运行为前提。

3. 专用性。嵌入式系统一般是要针对特定任务目标来完成微处理工作，这样，任务简单便能够简化计算、存储的工作，功能集成才可能集约为芯片级。为适应特定应用条件，系统载体还要特定的温湿度、压力等适应能力。此外，嵌入式系统还表现出软硬件具有可裁剪性，系统更新升级有个性化特点。

4. 高效性。嵌入式系统高效性是上述系统特征影响的必然结果，由于系统中软件的专用性特征的存在，系统运行效率必然会提高，同时由于嵌入性特征存在，无须向嵌入系统外传递信息，有效地减少了信息及通信量，从而达到信息传递的高实时性。

（二）嵌入式技术分类

嵌入式技术总体上可以分为三类，即嵌入式微处理器、嵌入式操作系统和嵌入式软件（见图3－4）。

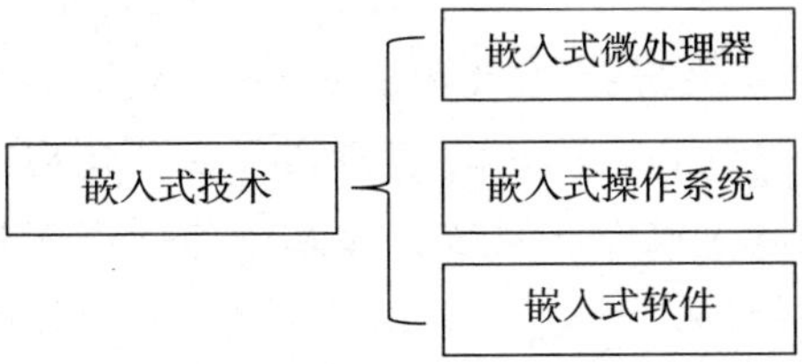

图3－4　嵌入式技术的基本分类

1. 嵌入式微处理器。嵌入式微处理器可分为以下四类：

（1）嵌入式微处理器（Embedded Microprocessor Unit，EMPU）。EMPU一般是以中央微处理器（专门CPU）为主的嵌入系统，它将微处理器封装在专门的电路板上，功能只保留与应用有关的部分。

（2）嵌入式微控制器（Microcontroller Unit，MCU）。MCU（即单片机）是为了满足某种控制目的需要，除微处理器外，还集成了存储器、总线及总线控制器、定时器、计数器、串行口、信号调制器等各种必要功能，形成嵌入式的微控制器。

（3）嵌入式数字信号处理器（Embedded Digital Signal Processor，EDSP）。EDSP是为了适应特定DSP算法，提高信号编译、指令执行效率，构造新的指令执行方式，所形成的嵌入式微处理器。

（4）嵌入式片上系统（System on Chip，SoC）。SoC是指将嵌入式系统中的器件集成到一块（或几块）芯片中去，并封装成系统电路板的一部分，这会有力降低功耗，提高系统可靠性。严格地说，这是封装技术，并非嵌入技术。

2. 嵌入式操作系统。嵌入式操作系统（Embedded Ooerating System，EOS），是嵌入系统软件为主的嵌入技术。EOS负责嵌入系统的管理、控制、协调，它具有相关模块的可裁减性，能够匹配系统的基本功能。EOS能使操作系统的内存占有率最低，是嵌入式系统发展的重要技术之一。

国外开发和应用的嵌入式操作系统比较早。如Microsoft Windows、CEVxWorks、3Com公司的Palm OS都是较为成熟的操作系统。我国嵌入式操作系统发展也比较快，具有完全自主知识产权的国产嵌入式操作系统取得了较大进展。例如：北京凯思昊鹏公司的Hopen嵌入式操作系统在手机、PDA、网络计算等产品中得到应用；北京科银京成公司自主开发的DeltaOS也是国内具有代表性的嵌入式操作系统，该系统包括嵌入式实时内核、TcP左P系统、文件系统等组件，其分别在IC卡终端、飞行导航终端、便携式通信终端以及军工产品中得到应用。此外，由浙江大学嵌入式中心研制的SMARTOS嵌入式操作系统，宇龙计算机通信科技（深圳）有限公司的

LinouS（领驰系统），中兴通信的嵌入式 Linux，北京大唐移动通信设备有限公司的用于其 TD - CDMA 的 Linux 系统技术成熟度较高，在通信、工业设计、装备制造、智能卡身份证读卡机、智能公话、IC 卡读卡器等领域中形成比较广泛的应用。

3. 嵌入式软件。嵌入式软件（Embedded software，ES）是针对特定用途，在一定的操作系统下，嵌入专门的运行管理软件的嵌入技术。ES 嵌入的是专门用途的软件，它要与特定的应用需求相适应，从而提高软件运行效率，所以它与适应一般性应用需求的软件有专业精准性的区别。嵌入式软件的专业精准性的区别，还表现为嵌入式软件可细分为嵌入式支撑软件和嵌入式应用软件①。

嵌入式支撑软件是指所嵌入软件能够运行和管理开发性活动；嵌入式应用软件则体现为程序管理。嵌入式支撑软件，对于研发、设计工作十分重要，其中以数据库最为重要，目前已经成为一个十分活跃的研究和应用领域。嵌入式数据库技术已得到广泛的应用，嵌入式移动数据库（简称为移动数据库 EMDBS）是支持移动计算或某种特定计算模式的数据库管理系统。此外，还有 Sybase、Oracle，以及东软集团研究开发的嵌入式数据库系统 OpenBASE Mini 等。

嵌入式应用软件是最活跃的领域，如市场上出现的个人信息处理软件、通信软件、文字处理软件、浏览器、Email 软件、多媒体软件、智能人机交互软件，以及各种行业的应用软件等。

（三）嵌入式技术的发展

嵌入式技术本质上还是计算机，因为它不管以何种面目出现，它一定是围绕微处理器（专门 CPU）进行的集成，只不过它在尺寸上更微小化了，在应用上更贴近对象了。然而，嵌入式计算机在应用范围和数量上，已大大超过了通用计算机。目前，嵌入式技术在家用电器、智能家居、电力生产及

① 何立民：“从嵌入式系统视角看物联网”，《单片机与嵌入式系统应用》，2010 年第 10 期。

配电、智能交通、无人驾驶、环境监控、工业生产、产品研发等领域形成非常广泛的应用，仅仅一台扫描仪，就应用了3种嵌入式技术的器件。从硬件看，微处理器芯片由单一核心逐步向多核心发展，性能、速度、功耗等指标得到极大提升。嵌入式微处理器已发展到30多个系列，超过1 000多个种类。从软件看，同样有相当丰富的成熟系统。国外商品化的嵌入式技术系统在我国有较好的市场表现，如μC/OS一Ⅱ、WindowsCE等，但国内也有很多公司开发了嵌入式操作系统、嵌入式应用软件，而且这些嵌入式技术的应用效果也令人满意。如果说，中国在硬件嵌入方面与国外先进技术有差距的话，在软件嵌入方面则差距不大，或者说我国已处于先进行列。

嵌入式技术的这种表现，与其技术特点同实际需求的良好契合直接相关，这其中的一个契合点就是对智能化技术发展要求的满足。嵌入式系统有嵌入性、集成性、专用性、高效性的特点，这些又能够很好地满足智能化的技术要求。智能化的技术要求有两点很关键，一是较高的处理和计算能力，二是即时反应能力。嵌入性使得嵌入器件与对象能够很好地贴合，甚至成为一体，其处理器直接处理对象的控制、活动等业务，不必通过网络传递信息给总控计算机的处理器，再传回信息来处理业务，集成性使处理能力更强大，专用性使处理效率得到提高，这就有效地提高了处理能力和即时反应能力。

与此同时，智能化实践也在不断产生新的需求，而这些需求又促进嵌入式技术进一步发展。第一，嵌入式技术的技术发展基本方向是高能、低耗。无论是基础设施服务领域，还是生产应用及消费应用，各芯片生产企业都在力求更高能、更低耗。第二，嵌入的技术集成上在不断创新。嵌入了微处理器，那就是嵌入式微处理器，如果还嵌入了存储器、总线及总线控制器、串行口等，那就形成了技术的集成。这样的集成也是技术的创新，它优化了芯片的功能，如一种嵌入式智能接口系统（也被称为“桥接芯片”）在物联网应用领域得到广泛应用，对万物互联起到积极作用。第三，芯片的生产工艺上也在创新。特别是嵌入式片上系统（SoC），使芯片尺寸更小，功能更强大。此外，65纳米工艺的处理器也已推出并进入商用。

三、窄带物联网（NB－IoT）技术

窄带物联网（Narrow Band Internet of Things，NB－IoT）是物联网（Internet of Things，IoT）技术的最新发展成果。2016年6月，3GPP组织通过了NB－IoT技术标准，随后IoT技术成为物联网领域的热点。

（一）NB－IoT技术简介

自物联网出现以来，其技术及应用都呈现出非常好的发展态势，但同时也出现了一些问题，其中“碎片化”问题尤为突出。比如物联网网关及接口技术，终端、芯片性能及工艺的规范性，操作系统的兼容性等存在不统一、衔接难等情况，究其根源，技术标准缺位是主要原因。这样，建立一个标准，从而指引甚至指导物联网的组网布局、协同联动，就显得十分必要。

很自然，这个标准应当具有“顶层设计”、全局谋划的性质，其关键就在于链接功能如何实现。原使用的物联网，其网络链接运用的是通信技术（主要是移动通信），也有无线局域网技术（Wi－Fi）、蓝牙技术等，基于GSM（全球移动通信系统）的物联网，就形成了超密集的异构网络。它需要有一个有效的网间连接协同的机制，关键是立足异构网络的融合来谋划全局，这样，这个“顶层设计”的起点又来到了无线移动通信。

无线移动通信的技术标准领域3GPP是很重要的组织，是国际电信联盟为推进无线通信技术的标准化建设，于1998年12月发起设立的技术协作组织。3GPP在完善新的物联网技术标准方面也发挥了其技术协作机制的优势，促成全球业界超过50家公司积极参与相关活动。

中国的华为公司在物联网技术开发上有着重要影响。华为认为，大部分的物与物连接通过蓝牙、Wi－Fi等技术来承载，移动通信的蜂窝网只连接了总数的10%，这就应当利用窄带LTE技术来承载IoT连接①。早期研究提出了NB M2M技术，随后开展深入的国际合作，与高通的NB－OFMDA方

① 钱小聪等：“NB－IoT的标准化、技术特点和产业发展”，《信息化研究》，2016年第5期。

案、爱立信牵头的 NB - LTE 方案形成了技术融合，逐步演进成为 NB - IoT 方案。

2014 年 5 月，华为与英国沃达丰公司合作，提出了窄带技术 NB M2M (Narrow Band，NB)。

2015 年 9 月，3GPP 组织确定窄带物联网（NB - IoT）标准正式立项，拉开了构建新的物联网技术标准的帷幕。

2015 年 5 月，华为的窄带技术与高通的 NB - OFMDA 方案融合，形成 NB - CIoT（Narrow Band Cellular IoT)。

2015 年 9 月，NB - CIoT 再次和爱立信牵头的 NB - LTE 方案进行融合，演进成为 NB - IoT（ Narrow Band IoT）方案。

2015 年 11 月，在中国通信标准化协会专业技术标准会议（CCSA TC5 WG9#74）上，由中国信息通信研究院和三大运营商牵头，华为、诺基亚(上海)、大唐等多家企业参与的《面向物联网的蜂窝窄带无线接入总体技术要求》通过立项。

2016 年 6 月，3GPP 组织通过了 3GPP R13 冻结版本，并正式发布基于 3GPP LTE R13 版本的第 1 套 NB - IoT 标准体系，开启了 NB - IoT 元年。

（二）NB - IoT 技术特点

NB - IoT 技术特点非常突出，具有很强的发展优势。

1. 组网及网络布局容易实施。NB - IoT 系统采用了基于 4G LTE/演进的分组核心网（EPC）网络架构，而且支持 3 种部署方式：（1）在 LTE 频带以外单独部署（Stand - alone)；（2）部署在 LTE 的保护频带（Guard - band)；（3）部署在 LTE 频带之内（in - band)。这就能够直接部署于 LTE 的 4G 网络，也能部署于 GSM、UMTS 为代表的 2G、3G 网络，从而实现组网平滑升级，网络布局方便灵活。

2. 终端功耗低。一是 NB - IoT 技术标准总体要达到网络覆盖能力强，这在客观上对网络终端接入功率提出了高要求；二是空中接口等技术形成信令简化机制，终端信息传递频次减少，从而降低功耗；三是在终端工作方式上采用节能模式，使得长时间处于深度睡眠的终端其功耗只需 15μW；四是在相关的网络设备技术标准上体现芯片、模块等低电流、低功耗要求。

3. 网络覆盖能力强。NB－IoT 采用的传输技术更为先进，如上行传输采用 3.75 kHz 子载波技术，具备更高的功率谱密度，另外，改进的编码技术可以带来 3dB～4dB 的增益，通过最大 16 倍的重传机制可以带来 3dB～12dB 的增益。这就提高了信号传输范围和传输能力，甚至轻易地覆盖地下停车场、地下管网等应用场景。

4. 带宽资源占用少。NB－IoT 构建于蜂窝网络，只消耗大约 180kHz 的带宽，这是窄带网十分突出的特征。带宽资源占用少，就有利于提高信号、信息传递转换效率。如果在 5G 技术基础上组网，则会大大提高网络运行效率。

（三）NB－IoT 未来的发展

NB－IoT 的技术具有窄带性、易布局、功耗低、广覆盖的特点，与物联网发展广域覆盖、海量接入、低功耗等客观要求有很好的适应性，从而使其具有十分突出的发展优势。在可预期的物联网的应用上，智能制造、车联网、智慧城市、智慧农业、智慧医疗等众多领域都会成为 NB－IoT 的舞台。

同时，NB－IoT 技术需要进一步成熟和商业应用，这包括完善标准体系，发展技术装备，促进商业应用（见图 3－5）。

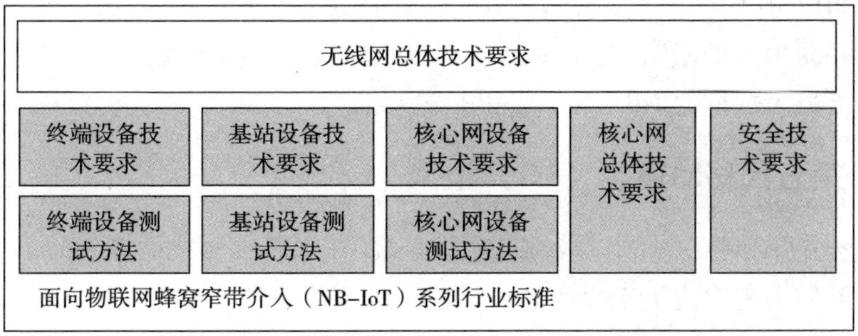

图 3－5　CCSA 立项的 NB－IoT 系列行业标准组成

3GPP 发布的 3GPP LTE R13 版本的第 1 套 NB－IoT 标准，是无线网总体技术要求。要促进 NB－IoT 技术发展，还要有完整的标准体系来保证。中国通信标准化协会专业技术标准会议（CCSA TC5 WG9#74）通过的《面向物联网的蜂窝窄带无线接入总体技术要求》明确，要建立面向物联网蜂窝窄带介入系列行业标准。其中，包括“终端设备技术要求”“基站设备技术要求”“核心网设备技术要求”“核心网总体技术要求”，这些标准需要逐步研究建立。目前相关工作已经展开，并已取得进展①。

NB－IoT 技术目标的实现，除了技术标准的保证外，还要有技术实现方式的保证，这就是技术设备。这其中，一个重要的环节是终端设备，而相关芯片又是发展重点。目前，很多业内企业已经开始了基于 NB－IoT 技术的研发工作，如飞利浦（中国）已经开发了多款电子贴片，该贴片使用传感器实时收集患者健康数据，并传输到云平台，医护人员可以对数据进行监控，并适时采取医疗干预措施。网络设备供应商，如华为、爱立信公司均已推出基于 NB－IoT 的端到端解决方案。有很多芯片、模组厂商支持 NB－IoT 发展研发新技术，2015 年 11 月，爱立信、诺基亚、高通、英特尔等不少全球主流运营商联合设备商、芯片厂商和相关国际组织，在香港举办 NB－IoT 论坛筹备会，旨在加速窄带物联网生态系统的发展。

随着 NB－IoT 技术标准的出台，中国的网络应用市场启动迅速，中国移动、中国联通、中国电信都计划 2017 年上半年商用，并且已经开始实验室测试。2017 年 5 月，中国联通举办了“中国联通 NB－IoT 网络试商用发布会暨物联网生态论坛”，提出试运行的商业计划，目标是建成以上海为代表的世界上最大规模的 NB－IoT 商用城域网络。

四、第五代移动通信（5G）技术

5G 是当前的网络热词，是移动通信领域的技术研发和技术竞争的热点，甚至成为近期中美双边关系中的热点问题。

---

① 张万春、陆婷、高音：“NB－IoT 系统现状与发展”，《中兴通信技术》，2017 年第 1 期。

（一）技术演进

5G（5th Generation Mobile Networks）技术，是指第五代蜂窝网移动通信技术。5G技术是移动通信技术从2G技术到后来的3G、4G技术的技术演进的结果，体现了技术的换代更新。从2G到3G，再到4G，每一次移动通信技术的换代都极大地提高了通信能力和质量，与3G相比，4G的系统性能包括速率、系统时延、移动性（高速移动下的接入）等显著提升。然而，通信技术的不断发展又进一步激发了潜在的需求，使移动通信的信息服务需求出现爆炸式增长，而且在服务质量方面，如移动性、峰值速率等要求更高。对移动通信服务要求的提高，促使移动通信技术要更新换代，从而推动了5G技术的发展。

2012年11月，欧盟委员会正式启动METIS（Mobile and Wireless Communications Enablers for the Twenty－Twenty（2020）Information Society）项目，开始了5G技术的研究。METIS共有8个工作组同时开展研究，力求为5G技术发展建立能够反映基本概念、特性指标、关键技术等的技术框架。此后，研究的力量不断加强，研究不断深入，5G的核心能力指标也不断明朗（见表3－1）。

表3－1　5G的核心能力指标

指标名称	流量密度	连接数	延时	移动性	效能	用户体验速率	频谱效率	峰值速率
量纲	$Tb \cdot s/km^2$	M/km^2	ms	km/h		Gb/s		Gb/s
指标值	10	1	1	500	相对4G提升100倍		相对4G提升3倍	20

2013年，韩国成立5G论坛，积极推动5G技术的应用研究，三星电子公司等企业也展开了研究和试验。同年，日本无线通信研究委员会成立了“2020 and beyond Ad－Hoc”项目，积极开展5G研究。2015年9月，美国移动运营商Verizon公司宣布，将从2016年开始在美国部分城市试用5G网

络。2017 年 2 月，国际通信标准组织的 3GPP 组织宣布了“5G”的官方标识。

我国 5G 技术的发展与国际上其他国家、组织的发展几乎同步。如果说在 2G 上我们在追赶，3G 上我们有突破，4G 上是同台竞技，那在 5G 技术的研发应用上，我国无线移动通信产业将有可能迎来全面的领先。

2013 年 2 月，由工信部、国家发改委、科技部联合推动成立了 IMT－2020（5G）推进组，聚集了产学研用等各方力量，推动 5G 移动通信技术研究和国际标准发展。

2016 年 1 月，中国 5G 技术试验全面启动，这是我国第一次与国际标准组织同步启动对新一代移动通信技术的测试和验证。在当年 11 月，IMT－2020（5G）推进组发布了《5G 技术研发试验第二阶段技术规范》，并在 3GPP RAN1#87 次会议上提交了由中国主导的 5G eMBB 控制信道标准方案，标志着我国 5G 技术标准的国际化的重要进展。

2018 年 1 月，IMT－2020（5G）推进组在北京召开了 5G 技术研发试验第三阶段规范发布会，技术研发试验采用 3GPP 国际标准，制定了全部试验规范，技术研发试验于同年 9 月结束，这一阶段测试有效推动了 5G 技术和设备逐步成熟。

2018 年 3 月，3GPP 组织第 83 次会议在深圳召开，并完成了三大技术规范机构领导的换届。其中，在 TSG SA（服务及系统全会）的竞选中，华为公司的 Georg Mayer 与高通公司推举的 Eddy Hall 竞争，最终华为的 Georg Mayer 当选 SA 全会主席，任期两年，这预示着中国华为公司在 5G 领域中有着重要的话语权。

2019 年 6 月 6 日，工信部正式向中国电信、中国移动、中国联通、中国广电发放 5G 商用牌照，中国正式进入 5G 商用元年。

3GPP

3GPP（3rd Generation Partnership Project），即第三代合作伙伴计

划。通常，3GPP是指代"第三代合作伙伴计划"协议的合作组织，该组织工作职责是推进无线通信技术的标准化建设。

3GPP成立于1998年12月，是国际电信联盟ITU（International Telecommunications Union）为推动无线通信技术的标准化而发起成立的技术协作组织。伙伴成员包括欧洲的ETSI、日本的ARIB和TTC、中国的CCSA（中国通信标准化协会）、韩国的TTA和北美的ATIS，中国移动、华为等是它的个体会员。

3GPP成立之初，是以推进完善3G技术标准为目标。在完善3G技术标准过程中，3GPP的工作机制产生了积极的作用，这种机制延续到完善4G技术标准的协作中，乃至后来5G技术标准的协作，3GPP仍然在发挥着重要作用。

（二）技术特点

相对于4G，5G的通信能力大幅提升，这必然要求要有突破性技术创新来保证，这些也是5G从概念到系统，从装备到标准，从研发到应用的关键。5G技术发展中，有四个方面的关键技术，即新型多天线传输技术、高频段传输技术、密集网络技术和新型网络架构①。

新型多天线传输技术的研发方向是大幅提升频谱利用率。提高网络传输效率，一定要提高频谱效率，这就需要研究新的天线传输技术。目前，多入多出（Multiple - Input Multiple - Output，MIMO）技术，和大规模天线阵列LSAS（Large Scale Antenna System，LSAS）技术都有积极的试验成果。

高频段传输技术的研发方向是拓展通信频段资源。通信频段资源有限，未来5G技术须向高频段扩展，尤其是毫米波频段上的通信传输，解决高频段电磁波路径损耗等难题。

① 王景尧等："5G无线通信技术发展跟踪与分析"，《现代电信科技》，2014年第12期。

密集网络关键技术的研发方向是解决密集网下干扰问题。网络密度增大，网络拓扑变得更为复杂，也带来更加严重的网络干扰。目前，干扰协调技术（eICIC）、认知技术、干扰消除和干扰对齐技术等已形成试验或应用。

新型网络架构的技术研发方向是构建异构网系统协调运行的机制。未来的5G网络一定是多种网络共存的局面，网络异构是突出特征，融合多种通信方式，调度管理复杂的系统资源是必然要求。目前，已出现有代表性的方案，如接入控制方案、资源划分方案、随机接入回退方案、特定时隙接入方案、Pull方案等。

5G技术的发展呈现出以下技术特征：

第一，频谱资源利用形成拓展。高频段频谱资源在5G技术中得到积极的应用，未来对频谱的利用率提升，使5G技术具有很好的应用前景。

第二，超密集异构网融合。5G的网络要做到室外大范围覆盖，室内链接顺畅，就要形成蜂窝网与Wi－Fi的融合，而且要与有线网、光纤通信网技术融合，这就需要形成异构网有效链接和运行的机制。

第三，通信性能优异。5G发展了多天线传输、高频段传输、密集网络等技术，网络运行机制更顺畅，网络性能大幅提高，主要指标相比4G成倍提升，下载速度比4G速度快100倍。

（三）技术的未来发展

5G技术是无线移动通信的技术，它与有线通信、宽带通信技术等一样，是信息、信号传输的手段，显然有这种传输需求的地方都是它的应用领域。5G技术还有它自身的应用特点：适应泛在化要求，由于它通信技术的无线属性，可以实现任何时间、任何地点的链接；适应“延时”“速率”要求高的场景，典型应用就是远程医疗的外科手术；适应通信元件低功耗要求高的场景，比如与嵌入式芯片的通信。很明显，这些特点也与物联网的技术要求十分契合，因此5G技术就成为物联网技术中很重要的支撑。目前来看，以5G技术为通信基础的物联网的应用，出现在车联网与自动驾驶领域，由于

5G 的网络传输速率、延时性能优异，提高了有关网络的管理效率，也提高了操控活动的安全性。

5G 技术有着广阔的应用前景，同时也需要促进 5G 技术加快发展。有专家指出应当促进 5G 技术标准的进一步完善，促进 5G 产业链的快速成熟，促进 5G 应用生态培育和扩展。

全国政协委员、中国联通研究院院长张云勇指出：要推动中国 5G 成功商用，5G 产业和核心技术能力加速成熟，建议从以下几方面着力：

在 5G 产业布局方面，坚持深化开放合作与立足自力更生相结合，更好利用国际国内两种资源提升科技创新实力。从政策层面，加大国产自主的支持力度，对产业链上游已经取得技术突破的相关领域，如高频材料、光器件、天线振子等加大扶持，在 5G 时代迅速做强做大。对暂时未有显著突破的高端数据通信芯片、高速数模转换芯片、高性能射频前端芯片等领域，也应把其重要性上升到国家层面，吸引产业资本，出台政府政策，共同推进中国 5G 核心技术领域的突破。完善 5G 产业布局，必须从顶层设计出发，彻底解决长期制约我国自主创新深层次的基础性、结构性、系统性、历史性难题，助力我国走高质量的 5G 发展之路。

在 5G 网络建设方面，切实落实国家的新发展理念，尊重技术和市场发展规律，避免不必要的重复建设和无序竞争，建议有关部门加强沟通协作，构建常态化工作机制，加快出台 5G 网络共建共享指导意见，建立奖惩机制，促进运营商之间加强共建共享的合作，特别是在部分对覆盖有需求的偏远地区，尽量避免网络基础设施的重复建设，节约网络整体投资，缓解 5G 网络建设将面临的巨额资金压力，加快推动 5G 的商用步伐。

在 5G 终端普及方面，建议产业界统一 5G 终端标准，推动 5G 全网通手机成为业界主流。建议从政府层面推动 5G 终端标准的统一，集中宝贵的研发资源，加快 5G 终端研发进度，节约研发投入，降低用户的使用门槛及难度，提升消费者对5G的接受程度，推动5G终端的快速普及。对于5G模组生产企业，可考虑在5G商用初期，引导5G模组规模化发展，通过专项补贴的方式，激发产业链上下游积极性，形成规模化效应，降低5G模组成本。

在5G应用生态方面，建议产业界积极探索5G应用创新以及商业模式的创新，加强产业融合。建议出台积极的产业融合发展政策，同时引导5G垂直产业合作的新模式，成立国资基金专门孵化5G应用，推动如电力、交通、政务、石油、教育等垂直行业，率先和通信行业合作，积极开展应用示范，深入探索共赢的全新商业模式。

第四章
物联网与产业转型升级

物联网是实现智能化的关键性技术，智能化又是新兴工业化发展的本质特征，所以把物联网技术看作是新的工业革命的驱动力，就是很自然的了。因此，世界上重要的国家、经济体，如美国、德国、欧盟等纷纷对物联网相关产业做出战略性规划。

发挥物联网对产业转型升级的促进作用，关键在于技术的融合，即物联网与其应用对象之间的技术融合。因此，在认识产业转型升级的基本要求的基础上，还应当认识网络技术融合的内在要求，认识物联网在技术融合中的作用。

第一节　产业转型升级的要求及目标

一、工业化与新型工业化

尽管产业的转型和升级在内涵上有区别，但这两者的内在联系十分密切，因此产业转型升级的目标应当从总体上确定，不能强调片面地寻求转型的方式或升级的方式来达到某种预期结果，而应当明确产业未来发展应达到的某种预期结果。

（一）工业化的本质

产业转型升级是在工业化进程中作为调整的工具来使用的。因为工业化的主体就是产业，有人也认为以“产业”来理解工业化也许更为适合①。

如果以产业转型升级来调整工业化方向和途径，那么工业化的本质又是什么呢?

产业转型升级具有工具属性，工业化也同样具有这个属性。运用产业转型升级，作用是实现工业化目标，而实施工业化的作用则是实现发展社会生产力的目标。显然，工业化的本质就是借以促进生产力发展，提高生产力水平。

工业化本质上会提高生产力水平，具体表现为：

第一，工业化促进产生提高劳动生产率的技术、装备，从而提高社会生产力水平。

第二，工业化提高生产的社会化协作水平，进而加快要素周转，提高要素使用价值，从而提高社会生产力水平。

第三，工业化具有产业协调发展的要求，以及周期性自我调整的功能，通过这种“不协调——自我调整——再协调”完成产业调整，从而提高社会生产力水平。

第四，工业化是优化经济结构的有力方式，特别是经济发展相对落后地区，利用工业化加速了由农业经济向工业经济，落后经济向现代经济的发展，从而提高社会生产力水平。

工业化的这种本质作用，既对经济发展具有整体促进作用，包括产业结构升级和进化，产业主体的生产技术、经营方式创新，产业协作向规范化、

① 王成艳、张格杨：“也谈工业化的本质”，《调研世界》，2005 年第 8 期。

规模化、专业化、社会化发展，也对社会发展产生影响，包括社会活动、社会形态的存在及管理，甚至是意识形态都会受到影响。

工业化对社会发展的影响，有时不是积极和正面的影响，而是消极和负面的影响。如果工业化行动自主而不受控，则可能会带来生态文明的问题、资源枯竭的问题、发展不可持续的问题等。

（二）工业化的任务

按照生产力经济学的原理，经济发展受到社会生产力构成因素的组合方式的影响，呈现出不同的社会生产力水平。

生产力因素的组合方式包括四种基本形式：第一种为质态组合方式，是指生产力构成因素在物质属性上互相适应的联系状态。反映的是某种技术性联系，即生产力诸因素（诸环节）之间互相提供生产条件、互相进行实物补偿的“投入产出链”。第二种为量态组合方式，是指生产力构成因素客观要求的数量配比。其反映一种是生产力构成因素所需要的比例关系，另一种为生产力因素为形成有效的生产力所需要的规模。第三种为时间组合方式，指生产力因素流转在客观上要求的时序安排。实践中这样的安排要求要通过劳动者因素与生产资料因素的时间组合，劳动手段与劳动对象的时间组合，基础设施与制造设施的时间组合等来实现。第四种为空间组合方式，指生产力构成因素在地域上的分布和联系状态①。空间组合反映了生产力的形成对特定因素的禀赋的依赖特征，从而影响生产力水平。

显然，生产力经济学意义上的生产力因素的四种组合方式，存在组合效率高低不同的可能。组合效率高，生产力水平就高，相反则生产力水平低。工业化，说到底就是通过工业化的方式提高这种组合效率，以往出现的工业革命历史地诠释了这一点。比如第一次工业革命的蒸汽技术变革，第二次工业革命的电力技术变革，更多地发生在质态组合方式范畴，尽管这也促进了生产组织方式、生产力工业部门出现改变，但仍属于技术革命。第三次工业

① 薛永应、张德霖、李晓帆著：《生产力经济论》，人民出版社出版 1995 年版。

革命的计算机及信息技术变革，从出现形态上反映为技术变革，但也间接地推动了量态组合方式、时间组合方式、空间组合方式的效率提高，进而广泛地影响了生产力相关领域和产业部门。

（三）新型工业化及其特征

在经济全球化、知识经济所带来的新的国际产业分工大背景下，我们经济发展竞争的压力越来越大，选择走什么样的工业化道路就成了紧迫的问题。党的十六大报告中提出了我国要走新型工业化道路。这是一个战略性的决策，是对传统工业化道路的实践进行深刻反思的结果，对经济全球化的国际竞争和挑战进行分析判断的结果，它将深刻地影响我国工业化和产业调整方向，影响国民经济的走向。

新型工业化

新型工业化是我国提出的，适应经济发展的环境、条件和工业化发展水平的，体现创新目标要求的产业发展战略。

新型工业化是工业化的继续，同时也是对传统工业化的扬弃。新型工业化需要看到我国工业化的快速发展，还要正视与发达工业化水平的巨大差距，创新思路，争取和利用后发优势，实现跨越发展，快速提高工业化水平。

新型工业化应当具有以下特征：以信息化为新的带动力和标志，以工业和相关经济结构优化为基本特点，以可持续发展为重要内容，以对外开放为重要条件。

那么，新型工业化应当具有什么样的特征呢？

第一，以信息化为新的带动力和标志。有观点认为，目前全球经济发展的突出标志是信息经济。就像工业文明的第一次工业革命，是以蒸汽机的发明和应用为动力和标志的；第二次工业革命是“电力时代”的技术革命，是以电力技术的广泛应用为主要动力和标志的。信息经济也是一次工业的技术变革，信息化必定会成为新的动力。因此，新型工业化一定是以信息化作为新的动力。

第二，以工业结构和相关经济结构优化为基本特点。工业化的发展结果在形式上可能反映为产业结构的优化，其本质则是工业结构和经济结构的优化。工业化发展较好的实践表明，工业化促使二、三产业比重增大，产业结构的重心由工业转到高科技产业和第三产业，而相应的工业结构和经济结构也得到优化。工业结构出现劳动密集型、资本密集型、技术密集型依次升级，经济结构，如就业结构、城乡结构出现质的变化。这种优化是科技创新和技术进步的必然结果。因此，新型工业化必然是坚持科技创新，进而推进协调发展、结构优化。

第三，以可持续发展为重要内容。工业化的生力军是企业、产业，其逐利性决定了发展常常是自发的，不是自觉的，也就可能产生工业化的消极负面作用。消极作用的长期影响，可能会制约进一步的发展。可持续发展的根本要求是减少乃至消除工业化对资源、社会发展、生态环境等方面的消极作用。工业化是一个长期的过程，不可能一蹴而就，若存在制约甚至严重的障碍，工业化进程必然难以实现，这也是我们实践中的教训教给我们的。因此，新型工业化必然要求可持续发展。

第四，以对外开放为重要条件。工业化，要求提高生产力要素的周转效率，进而提高生产力水平。我国改革开放取得成功，一条重要的经验就是不仅开放市场，同时开放吸引资金、技术，促进了观念转变，进而加快了技术进步、产业转型和经济发展。新型工业化，这一点更要坚持，对外开放会充分利用国际资源，促进广泛开展技术创新服务从而加快技术进步，并扩大对外贸易的范围和能力。因此，新型工业化必然要求在经济全球化的国际产业分工下推进工业化[①]。

---

① 中国经济景气监测中心课题组：“新型工业化的本质和特征”，《中国统计》，2004 年第 6 期。

（四）新型工业化的内在要求

新型工业化不同于传统工业化道路，它不能仅仅依赖现有的和具有比较优势的资源来推进工业化，不能被动地等待国际产业分工、新一轮产业变革的到来，而是应当使产业的生产方式能够更多地由科技创新来推动发展，应当在新的国际产业分工下的产业链、价值链、供应链中占据高端或高点，全面提高产业核心竞争力。

新型工业化应当是创新驱动型发展，应当坚持把加强自主创新和技术进步作为转型升级的关键，掌握关键核心技术，提高产业核心竞争力，完善产业链条，促进由价值链低端向高端跃升。

新型工业化应当是协同创新的发展。应当坚持有利于创新要素集聚和紧密协作的环境与平台，有利于加快技术产品、业态模式和体制机制创新，有利于积极参与全球创新合作与产业交流。

新型工业化应当是集群集约的发展。应当坚持促进产业发展朝着发挥各自比较优势，形成特色鲜明、优势突出、差异化发展的产业集群方向发展，促进生产要素集约高效“配伍”，加快生产方式转型。

新型工业化应当是智能融合的发展。应当坚持加快“互联网+”融合发展理念，推进数字化、网络化、智能化，促进两化深度融合，促进培育智能制造的新模式、新业态。

新型工业化应当是绿色安全的发展。应当坚持产业发展走节能减排降耗之路，大力发展循环经济，构建清洁、低碳、循环的绿色制造体系，建立健全安全生产管理体系和产品质量追溯体系，加强应急管理，走绿色、安全、可持续的发展道路。

二、产业转型升级的实践与启示

改革开放后，中国经济保持了长期高速增长，创造了令世人瞩目的“中国奇迹”。随着经济发展“新常态”的到来，经济发展的一个紧迫的问题不断考问我们，这就是经济发展如何谋求产业转型升级，以改变要素和投资驱动的粗放型产业发展模式，实现创新和效率驱动的集约型发展模式。

经济发展新常态

新常态下的经济发展是质量效率型集约增长；新常态下的经济结构应进一步优化；新常态下的经济增长动能不同于传统产业动能。新常态是对我国当前经济发展阶段性特征的高度概括，是对我国经济今后一个时期战略性走势的科学判断，是谋划和推动经济社会发展的重要依据。习近平同志指出，“要把适应新常态、把握新常态、引领新常态作为贯穿发展全局和全过程的大逻辑”。

（一）如何理解产业转型升级

产业转型升级，在理论上可以区分为两类事物，即一个是转型，一个是升级。

产业转型/产业升级

产业转型，也称产业生产方式转型，是指生产力要素组织形式的转变，这种转变表现为在产业链条中形成新型工艺、技术，从而提高生产力水平，甚至形成新的生产组织方式，催生新的业态。

产业升级，也称产业结构升级，是指产业中的个体向产业高端或产业协作上游的移动，这种移动表现为在产业结构或产业价值链中形成要素转移，从而改变产业结构及产业竞争力。

产业转型，根本要求是转变经济增长的方式，将高投入、高消耗、高污染、低产出、低质量、低效益的产业生产类型，转为低投入、低消耗、低污染、高产出、高质量、高效益产业生产类型，即将粗放型转为集约型。

产业升级，既指产业结构的升级，如由第一产业逐级向第二、第三产业演变；同时也指产业内的升级，即某一产业内部由产业协作下游向上游的移动，进而在产业的价值链条中，谋求更高的效益。

产业转型和产业升级彼此之间存在区别，同时也存在联系。他们之间有以下三点紧密联系：第一，实施产业转型和产业升级的根本目的一致，即提高经济发展的内在质量；第二，产业转型和产业升级都是工业化的重要途径，在不同工业化阶段转换过程中尤为如此；第三，产业转型和产业升级的实践形式往往难以划分明显的界限，比如实践中哪些活动是属于产业转型，哪些又是属于产业升级，不易区分。产业转型和产业升级之间最明显的区别，就是前者是生产力要素的组合方式改变，而后者则体现为生产力要素（或者说生产力要素的换算符号，即资本）在产业之间、产业内生产环节之间的转移。

认识和理解产业转型升级的内涵，以及内在联系和区别，对我们科学合理规划产业转型升级的途径是十分重要的。现实中，存在一些模糊甚至错误的认识，比如，产业升级过程往往是渐进性的、连续的，产业转型是跳跃性的、非连续的，两者又彼此联系，互补相伴相生，不能只强调一个方面，忽略产业生态的有机性。

经济新常态下产业如何转型升级，这不只是中国要回答和应对的问题。世界经济的发展表明，工业化是发展经济的重要且必要的选择。工业化、后工业化、去工业化、再工业化，无论经济发展的目标导向如何，众人的目光都集中到了产业转型升级。不管是发达的经济体，还是新兴经济体，发展经济，实现科学合理的工业化目标，必定需要做好经济新常态下产业转型升级的文章。

应该如何做好产业转型升级的文章呢？印度尼西亚走过一条发展工业化，再到去工业化的道路。印度尼西亚在20世纪60年代，主动参与到国际产业分工体系、经济全球化的过程中，开启了以承接日本和亚洲“四小龙”为代表的雁行国际产业转移的工业化进程，充分利用国内外两种资源、两种市场。印度尼西亚一方面借助本国低廉的劳动力获得了劳动密集型产业的比较成本优势和人口红利，另一方面通过承接国际技术转移和外溢效应在生产要素上获得了后发优势，这些使印度尼西亚能够以一种不完全同于以往其他国家产业结构演变模式获得了经济的快速增长与发展。然而，进入21世纪，印度尼西亚的产业政策出现了新的变化，产生了新的问题。有研究表明，印度尼西亚产业调整出现三个主要问题：一是存在“过早去工业化”；二是劳动力直接从农业向服务业跨越式转移；三是工业吸纳劳动力有限，这些都制约了生产力水平的进一步发展。[①]

产业转型升级的文章，不仅发展中国家经济体在做，工业化水平发达的国家也在做。美国提出的“再工业化”（“先进制造伙伴计划”），德国提出的“工业4.0”，都在规划和实施产业转型升级，这为我们提供了借鉴。

（二）美国制造业的两次重大调整

美国制造业曾经历了两次重大调整。第一次调整始于20世纪70年代初，到90年代初方告一段落，主要目标是“去工业化”；第二次调整发起于21世纪初，是以重振制造业为目标的“再工业化”（“先进制造伙伴计划”）。

20世纪中期以后，美国对产业结构和区域经济结构同时进行了重大调整，重点是制造业的调整。产业结构出现明显变化，制造业发展迟滞于服务业。地区经济发展，东北部和中西部的传统老工业基地经济增长乏力，成为所谓的“冰雪带”（Snowbelt），经济上相当落后的西部和南部人口和就业增长迅速，称为“阳光带”（Sunbelt）。这种产业结构转型，也改变了地区经济的格局。传统老工业区发展动力越来越弱化，如基础设施老化、地价偏高、污染较严重、劳动力价格高、工会组织力量强大，使企业发展往往受其掣肘，严重制约了区域经济的发展。进入21世纪后，在全球化浪潮的推动下，部分后起国家如中国制造业后来居上，对美国制造业构成又一次冲击，美国制造业加工基地纷纷移师海外，制造业大幅下滑。2010年，美国制造业就业人数为1 150万人，相比1979年的1 940万人下降了40.7%，美国机

① 卢泽回. 印尼产业结构转型升级及国际比较研究［J］. 对外经贸，2018（03）：43-48.

械工具、消费电子、汽车零部件、家具、电子通信设备等具有世界市场支配地位的产品几乎都受到打击。这是所谓“去工业化”的效果的突出反映。[①]

再工业化

所谓“再工业化”，是美国政府提出的国家经济发展战略，它由2010年8月联邦政府通过的《2010年制造业促进法》明确。2015年8月提出的《先进制造伙伴计划》也对此予以明确，它旨在促进制造业发展，鼓励资本回流，增加就业，增强美国经济实力。2017年12月出台的《新国家安全战略》，从美国的经济安全角度强化了这种战略。

制造业是实体经济的“基石”，也是经济增长的“发动机”。基石不稳，动力不强，虚拟经济高效益也难以长久维系。这样的产业调整的情况引起了美国各界的反思，反思的结果就是重振制造业，提出“再工业化”产业调整思路，并开展了积极的行动。

1. 推动立法形式促进制造业振兴。2010年8月，通过联邦《2010年制造业促进法》，为制造业的振兴提供法律保障。

2. 推动改善制造业发展的基础环境。奥巴马在2013年国情咨文中明确提出，美国政府的首要任务是使美国成为吸引新就业岗位和制造业的地方。

3. 推动建立制造业创新国家网络。2012年起，联邦政府开始着手构建制造业创新国家网络（National Network for Manufacturing Innovation），这个国家制造业创新网络对于未来美国制造业振兴，将起到重要的引领和样板作用。

4. 推动形成产业集群。2010年，美国小企业管理署联合美国商务部、能源部和劳工部，划定了56个产业集群，出台支持计划。此计划实施不到2年时间，参与此项目的小企业数量就从179家增加到859家，增长

① 王旭、韩宇、苏宁：“美国制造业的两次重大调整与区域增长格局的变迁”，《史学月刊》，2017年第11期。

了38%。

5. 推动创新型人才的培养。联邦政府提出，重建制造业的创新人才培育体系，筛选指定20家高等教育机构作为“美国制造业大学”，为工程专业学生提供真实工作的经验；推动形成工业与大学联合研究项目；培养面向企业需要的工程博士。

美国从“去工业化”到“再工业化”，展现了产业调整的实践过程，制造业成为这个过程的重心，反映出制造业地位从弱化到强化的过程。观察这个过程的实践轨迹，我们可以得到以下启示。

第一，“去工业化”会引发经济发展严重的产业结构性问题。经济部门、产业结构有其内在联系和规律性，忽视这种规律，轻率地弱化其中某项结构要素，可能就会引起失调、不均衡问题，进而制约经济发展。

第二，“再工业化”体现了制造业振兴的战略。“再工业化”将重心放在了制造业振兴上，一方面，美国将制造业发展放在十分重要的位置，美国各地方政府纷纷制订了制造业复兴计划；另一方面，“再工业化”明确了增强制造业研发与生产能力的措施，并在制造业空间集聚、产业集群化上明确了产业政策。

第三，“再工业化”的重心在于走全新的工业化之路。“再工业化”并非是要“恢复”昔日制造业的产业规模、生产的产品和技术，而是要“再造”制造业，实现其产业的“高端化”，核心就是确保其制造业技术水平的全球领先地位。“再工业化”也并非只重视发展制造业，而是要促进发展在新的基础上的工业化。“再工业化”特别突出了制造业与其他产业的互动、协作和协调发展，将促进制造业发展置于工业化视角下，提出了工业互联网发展的战略、策略。

（三）德国“工业4.0”及带给我们的启示

1. “工业4.0”的形成背景。德国是发达的经济体，也是全球第三、欧洲第一大商品出口国，制造业在欧洲乃至全球举足轻重。然而，全球金融危机后德国也日益感受到面临的挑战和压力。首先是外部挑战：一是外贸出口下滑，来自新兴经济体的竞争激烈。二是产业升级存在挑战，进入21世纪后，科学技术发展迅猛，高新技术应用层出不穷，这对传统产业既是机遇，更是挑战。其次是内部压力，包括劳动力成本上升，欧元区的平均增速。德国大联合政府于2013年11月施行的每小时8.5欧元的最低工资制度推高了劳动力成本，有人担心这有可能成为影响德国经济增长的关键因素之一。最后是创新能力疲弱，科研成效指标（包括专利申请量）水平开始下滑。

与此同时，全球范围的产业调整的实践也在影响着德国经济界人士。20世纪中后期，包括德国在内的许多发达国家，将产业重心向第三产业转移，部分制造业转到发展中国家，从而造成产业空洞化，这就是所谓的“去工业化”。“去工业化”损伤了这些国家制造业的竞争力，美国开始重新认识工业化，研究、规划和实施“再工业化”。欧盟早在2010年就提出“欧洲2020战略”，其路线是“再工业化”，发展重点是“智能增长”，此后欧盟成员包括法国、英国以及西班牙在内的许多国家，纷纷制定了相应的“再工业化”战略。作为传统的制造业和对外贸易大国，日本政府于2009年12月提出了五轮经济振兴对策，旨在发展本国制造业。新兴经济体的国家及其他国家也在积极谋划、实施新的工业化战略。

工业4.0

“工业4.0”，是由德国工程院等研、学、产各界共同发起研究和制定的，以提高德国工业竞争力为主要目的的战略。

德国“工业4.0”这一概念问世于2011年4月在德国举办的汉诺威工业博览会，成型于2013年4月德国“工业4.0”工作组发表的名为《保障德国制造业的未来：关于实施“工业4.0”战略的建议》的报告。2013年12月19日，由德国电气电子和信息技术协会细化为“工业4.0”标准化路线图。目前，“工业4.0”已经上升为德国的国家战略，成为德国面向2020年高科技战略的十大目标之一。

在这样的背景下，自然需要做出应答：德国怎么办？2013 年 4 月，由德国工程院等相关技术研究机构、战略咨询机构和企业研究人员组成的工业 4.0 工作组发布了《保障德国制造业的未来：关于实施“工业 4.0”战略的建议》的报告，得到产业界、学界及政府的广泛认可，其后德国关于产业发展战略规划的框架基本来自于这个报告的建议。这份报告引起全球的广泛关注，很多国家、地区纷纷开始研究其相关发展战略。两年后的 2015 年 5 月，中国政府发布了《中国制造 2025》，被认为是中国版的“工业 4.0”。①

2. “工业 4.0”的内容。德国“工业 4.0”的战略目标是什么？《保障德国制造业的未来：关于实施“工业 4.0”战略的建议》说得很直接，引领第四次工业革命，确保未来德国制造业的领先水平（见表 4－1）。

表 4－1　《保障德国制造业的未来：“工业 4.0”战略的建议》要览

序号	章名称	节名称
1	引言	确保德国制造业未来 制造业中引入物联网和服务网 工业 4.0 计划的巨大潜力
2	优先行动领域	标准化和开放标准的参考 管理复杂的系统框架 为工业提供全面带宽的基础设施 安全是工业 4.0 成功的重要因素 数字化工业时代工作的组织和设计 培训和持续的职业发展 规章制度 资源效率

① 李金华：“德国‘工业 4.0’与‘中国制造 2025’的比较及启示”，《中国地质大学学报》（社会科学版），2015 年第 5 期。

续表

序号	章名称	节名称
3	愿景	塑造工业 4.0 愿景 工业 4.0 背景下的未来 新型商业机会与模式 工作场所的全新社会基础设施 基于服务和实时保障的全新 CPS 平台 工业 4.0 道路
4	竞争	国际市场趋势 其他国家产业及金融政策
5	协同策略	领先的供应商策略 领先的市场策略 协同策略及其关键特征
6	展望	德国有潜力成为主导市场 成为领先的供应商 工业 4.0 是渐进的过程
7	待研究的问题	价值链的横向协作 贯穿价值链的点对点方案 产业链和网络化制造系统 生产中的新社会基础 信息物理系统（CPS）技术 CPS（Cyber - Physical System）

“工业 4.0”将战略的重心放在了产业生产组织方式的变革上，明确要构建智能工厂，实现智能制造的目的。一是变革产品的生产过程，以强化产业协作的纵向集成；二是变革产业协作方式，达成产业链条内设计与开发、生产组织及管理、售后服务等的专业化分工合作的新产业协作方式；三是变革或创造新型的产业协作商业化平台和商业运行模式。

“工业 4.0”将战略的实现路径确定为“智能 + 网络化”。“智能 + 网络化”重要依托是信息物理系统（Cyber - Physical System，CPS）技术，并且对三个方面技术提出发展要求，包括“M2M”技术（Machine to Machine，

M2M)，物联网技术（Internet of Things，IoT)，各类应用软件，如企业资源计划系统（Enterprise Resource Planning，ERP)、产品生命周期管理(PLM)、供应链管理（SCM），系统生命周期管理（Sys LM）等。这些都将为“工业4.0”的实施发挥加速融合，放大功效的作用。

“工业4.0”战略实施的主要对策措施：一是强化技术基础。“工业4.0”明确了实现技术标准化和开放标准的参考体系的要求和办法；建设一套综合的工业宽带基础设施；注重培训和持续的职业发展。二是细化对策要求。明确对于新型系统管理的导向性要求，即复杂系统管理的模板化、程序化；对创新工作的组织和设计方式明确了导向性要求；对提升资源效率也明确了导向性要求。

3. 一些启示。德国制定“工业4.0”战略，似乎不像美国那样在一种阵痛反思中完成战略的选择，而是主动应对挑战来制定战略。德国“工业4.0”带给我们的启示包括以下四个方面：

第一，工业化仍在路上。发达的经济体相比其他经济体，只是经济发展水平的暂时领先，工业化道路并未走完，继续走工业化之路离不了制造业这个生力军。过早和轻率地搞“退二进三”是不明智的。

第二，工业化应该走一条全新的路。“老路”容易“拥挤”，新型的工业化道路，可以减少或避开竞争。

第三，制造业发展并不能孤军奋战。制造业发展应该体现智能制造的产业协作链条，更重要的是形成新的产业协作方式，包括商业化平台和商业运行模式下的设计与开发、生产组织及管理、售后服务全方位的分工协作。

第四，全新之路的方向在“智能+网络化”。朝着这个方向前行，能够发挥加速融合，放大功效的作用，从而保持领先发展水平。

三、产业转型升级的目标

（一）认识上的误区

工业化具有积极的正能量，也会产生消极影响，产业转型升级的作用就是放大工业化的积极影响，减少其消极影响。这个道理好讲，可做起来往往就存在失误之处，实际上还是认识上存在误区。

第一，与产业转型相比，产业结构升级更有利于跨越发展，“弯道超车”。重视产业结构升级，认为从制造业转向现代服务业是产业转型升级的重点，追求服务业占比高。在制定产业转型升级的目标和规划时，往往存在一种“退二进三”、追求增大三产业比重的冲动和轻率①。因为产业转型常常反映为产业技术、组织方式的创新，来达到产业技术高端化和产业业态变革，需要长时间的创新实践才能实现，而“退二进三”只需要资本由第二产业向第三产业转移，资本的高收益马上就会显现。美国实施“去工业化”的产业调整政策正是基于这样的认识。

这种认识忽视了产业结构调整需要遵循产业结构的内在联系所反映的规律性，也忽视了我们产业发展的基础。遵循规律就应当重视和注意产业发展的协调性对产业结构的要求；重视和注意结构的调整对生产力要素间比例变化的影响；重视和注意制造业的工业化基础地位。联系我们产业发展的基础，就要考虑工业化发展水平的实际。应当承认，我们的工业化还在路上，同发达国家相比，中国工业化的水平仍然很低，最保守地估计也至少还有30～50年的差距②。

第二，产业转型升级的重心在于对产业规模、组成、空间布局等规划目标的确定。在这样的认识下，产业转型升级往往强调产业规模目标、产出目标及相应的规模和产出发展目标。其结果则反映为产业难以集聚，空间布局的目标难以实现；产业集而不聚，龙头企业和配套企业的作用难以形成；规模和产出发展目标也难以实现。

产业转型升级的根本任务是促进生产力水平的提高，进一步说是要促进生产力要素组合效率的提高。无论是产业的生产技术、组织方式的转型，还

---

① 刘志彪：“提升生产率：新常态下经济转型升级的目标与关键措施”，《审计与经济研究》，2015年第4期。

② 金碚：“工业的使命和价值——中国产业转型升级的理论逻辑”，《中国工业经济》，2014年第9期。

是产业结构的升级，根本的问题是要促进提高生产力要素组合效率。这就要注意产业内和产业间的技术协同性、发展协调性。很明显，开展产业转型升级活动，要考虑产业间关联度和产业融合发展的要求。说到底，就是要考虑产业发展的功能定位。

第三，产业转型的重心在于生产技术的转型，重视发展新兴产业。比如，曾经出现的各地纷纷上光伏项目，将光伏产业作为新兴产业发展，就是一个事例。

供给侧结构性改革

按照创新发展理念，着眼长远发展，强化制度供给的创新，着力人才、金融、技术等要素市场改革，将新生产要素的聚集和流动作为一项改革重点，推动人才、技术、数据等的合理流动，构建高素质创新人才更好参与培育壮大新动能的体制机制，旨在通过理顺供给侧的机制，为新动能加速集聚创造条件。

产业转型包括生产技术的转型和组织方式的转型。前者体现了生产技术方式的创新，进而达到生产技术的高端化；后者体现了产业组织方式的创新，形成高效的产业组织方式，也是催生新兴产业业态的基本途径。产业组织方式的转型也是促进传统产业转型升级的重要方式。发展新兴产业十分重要，也是产业转型的重要内容，但传统产业的转型升级同样换发新动能，并提高生产力水平。

（二）产业转型升级的使命

促进产业发展，研究制定产业政策、产业规划可能会有不同的思路和路径，然而，无论工业化的战略怎样定位，是“再工业化”、新型工业化，还是第四次工业革命，工业化是必经和不可跨越的进程，其根本任务是不断提高社会生产力水平，而这也恰恰是产业转型升级的使命。

前面提到产业转型升级具有工具属性，就是说为了提高社会生产力水平，产业转型升级是作为工业化进程的调整手段，那么产业转型升级的着力点在哪里呢？

产业转型升级是为调整工业化进程中产生的，但它是战略性的调整工具，不是常规的产业管理的行政工具。所以，运用产业转型升级进行产业调整应当是针对产业发展的战略问题。这种战略性调整，有时是主动的，有时是被动的。出现机遇时，产业转型升级一般是主动的行为，面临挑战和问题时，产业转型升级则一般是被动的行为。

产业转型升级所安排的战略重点包括：促进生产技术的升级和高端化发展；提高生产的社会化协作水平，生产服务商业化现代化；促进产业链条连接带动能力，完善产业自我调整的能力；促进资本资源转移，进行产业结构升级。

产业转型升级带有战略性，一旦失误，那么影响将是巨大的和长期的。因此，研究、规划产业转型升级战略就应当十分慎重，应当明确并坚持一定的工作原则，而原则的明确一定要满足产业转型升级的内在要求。

产业转型升级的一般要求：一是产业功能规划先行，并将其作为产业发展目标的核心内容来研究和确定。二是认识新型工业化本质特征，从增强产业链作用角度完善产业融合、协作及协调发展的能力。三是认识工业化对社会发展具有的消极影响，研究和制定应对措施，对于就业、生态文明、资源枯竭、发展不可持续等问题，应当划出红线。四是避免重生产技术的转型、轻组织方式的转型的错误认识，在发展新兴产业的同时，重视并提高生产的社会化协作水平和服务的商业化、现代化水平。五是避免以产业结构升级代替产业转型升级的错误认识，准确把握产业结构关系，进而科学确定产业结构调整政策和策略。

（三）产业转型升级战略的主要目标

2011年12月，国务院发布《国务院关于印发工业转型升级规划（2011～2015年）的通知》（国发〔2011〕47号）（以下简称《通知》）。《通知》的第二章明确，根据走中国特色新型工业化道路和加快转变经济发展方式的总体要求，“十二五”时期要力争实现以下主要目标：

1. 工业保持平稳较快增长。全部工业增加值年均增长 8%，工业增加值率较“十一五”末提高 2 个百分点，全员劳动生产率年均提高 10%，经济运行的质量和效益明显提高。

2. 自主创新能力明显增强。规模以上工业企业研究与试验发展（R&D）经费内部支出占主营业务收入比重达 1%，重点骨干企业达 3% 以上，以企业为主体的技术创新体系进一步健全。企业发明专利拥有量增加一倍，攻克和掌握一批达到世界领先水平的产业核心技术，重点领域和新兴产业的关键装备、技术标准取得突破。

3. 产业结构进一步优化。战略性新兴产业规模显著扩大，实现增加值占工业增加值的 15% 左右；面向工业生产的相关服务业发展水平明显提升。规模经济行业产业集中度明显提高，培育发展一批具有国际竞争力的企业集团。中小企业发展活力进一步增强。中西部地区工业增加值占比进一步提高。

4. 信息化和军民融合水平显著提高。重点骨干企业信息技术集成应用达到国际先进水平，主要行业关键工艺流程数控化率达到 70%，大中型企业资源计划（ERP）普及率达到 80% 以上。军民资源开放共享程度明显提高，军民结合产业规模显著扩大。

5. 质量品牌建设迈上新台阶。新产品设计、开发能力和品牌创建能力明显增强，主要工业品质量标准接近或达到国际先进水平，食品、药品、纺织服装等民生产品的质量安全水平进一步提高。工业企业社会责任建设取得积极进展。

6. 资源节约、环境保护和安全生产水平显著提升。单位工业增加值能耗较“十一五”末降低 21% 左右，单位工业增加值用水量降低 30%，单位工业增加值二氧化碳排放量减少 21% 以上；工业化学需氧量和二氧化硫排放总量分别减少 10%，工业氨氮和氮氧化物排放总量减少 15%；主要耗能行业单位产品能耗持续下降，重点行业清洁生产水平明显提升。安全生产保障能力进一步提升。

2015 年 5 月，国务院发布了《中国制造 2025》，也立刻引起世界瞩目，甚至引起个别人的忌惮。《中国制造 2025》是新型工业化战略的延续，总目标是实现制造强国，并分三步实现，第一步，到 2020 年基本实现工业化；第二步，到 2035 年，全面实现工业化；第三步，新中国成立一百年时，建成全球领先的技术体系和产业体系。

《中国制造 2025》的内容，可简单归纳为“一二三四五五十”战略框架（见图 4－1）。

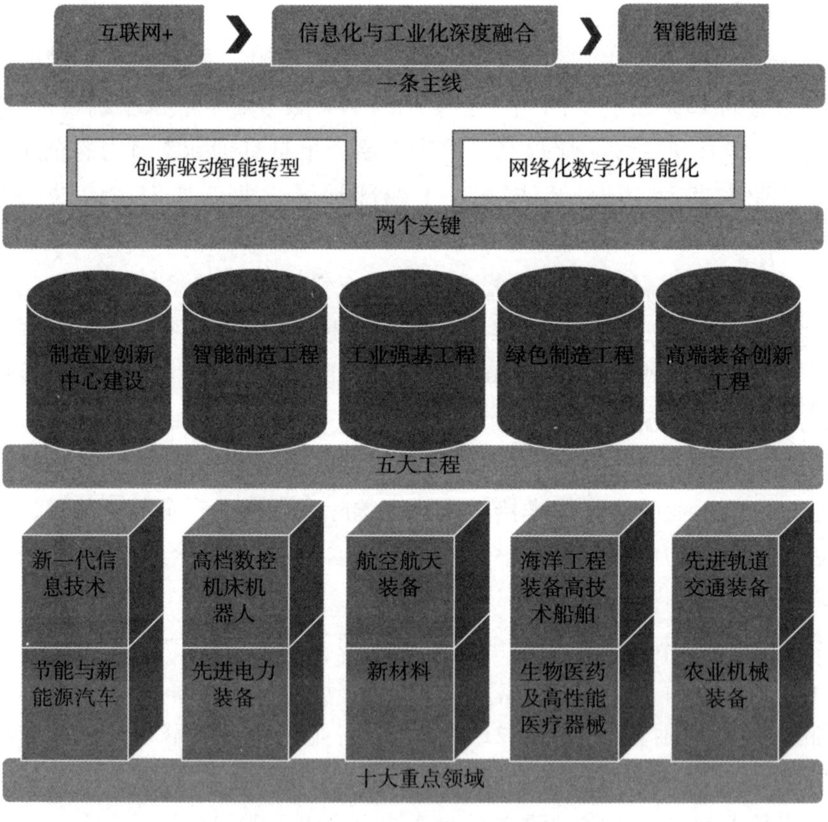

图 4－1　中国制造 2025 战略要点

> **中国制造 2025**
>
> 《中国制造 2025》是面对我国经济发展环境的重大变化对制造业转型升级的紧迫要求等而编制的制造强国战略规划，是强国建设的第一个十年的行动纲领。

“一”——一个目标。最终实现制造业强国的一个目标。

“二”——两化融合。通过用信息化和工业化两化深度融合来引领和带动整个制造业的发展。

“三”——“三步走”。就是分三个阶段实施，大体上每一步用十年左右，每一步形成明确的阶段性目标和任务。

“四”——坚持四个原则。第一，市场主导、政府引导；第二，立足当前，着眼长远；第三，全面推进，结合重点突破；第四，自主发展和合作共赢。

“五五”——五条方针和五大工程。五条方针要求，创新驱动、质量为先、绿色发展、结构优化和人才为本。五大工程，包括制造业创新中心建设的工程、强化基础的工程、智能制造工程、绿色制造工程和高端装备创新工程。

“十”——十个重点领域。它明确了战略性产业领域，包括新一代信息技术产业、高档数控机床和机器人、航空航天装备、海洋工程装备及高技术船舶、先进轨道交通装备、节能与新能源汽车、电力装备、农机装备、新材料、生物医药及高性能医疗器械等十个重点领域。

2020 年和 2025 年制造业主要指标见表 4－2。

表 4－2　2020 年和 2025 年制造业主要指标——《中国制造 2025》

类别	指　标	2013 年	2015 年	2020 年	2025 年
创新能力	规模以上制造业研发经费内部支出占主营业务收入比重（%）	0.88	0.95	1.26	1.68
	规模以上制造业每亿元主营业务收入有效发明专利数（件）	0.36	0.44	0.70	1.10

续表

类别	指　标	2013 年	2015 年	2020 年	2025 年
质量效益	制造业质量竞争力指数	83.1	83.5	84.5	85.5
	制造业增加值率提高	—	—	比 2015 年提高 2 个百分点	比 2015 年提高 4 个百分点
	制造业全员劳动生产率增速（%）	—	—	7.5 左右（“十三五”期间年均增速）	6.5 左右（“十四五”期间年均增速）
两化融合	宽带普及率（%）	37	50	70	82
	数字化研发设计工具普及率（%）	52	58	72	84
	关键工序数控化率（%）	27	33	50	64
绿色发展	规模以上单位工业增加值能耗下降幅度	—	—	比 2015 年下降 18%	比 2015 年下降 34%
	单位工业增加值二氧化碳排放量下降幅度	—	—	比 2015 年下降 22%	比 2015 年下降 40%
	单位工业增加值用水量下降幅度	—	—	比 2015 年下降 23%	比 2015 年下降 41%
	工业固体废物综合利用率（%）	62	65	73	79

第二节 “互联网+”及其发展方式

一、信息经济及其发展

（一）信息经济的基本特征

科技创新可以促进生产方式的改变，甚至是革命性的改变，信息及信息技术同样也能够促进要素结合的效率，进而促进生产方式改变并提高生产率。因此，有观点认为，经济发展进入新的阶段，信息和知识上升为经济活动中最为活跃的生产要素，这就是信息经济①。

认识信息经济发展特征，厘清新的经济发展阶段的内在发展要求，进而把握新型工业化发展的内在要求是十分必要的。

所谓信息经济，是经济发展的一个全新发展阶段，这个阶段的生产方式出现了质变性变化，就是从机械化、电气化、自动化跃升到智能化，这其中，信息相关技术起到关键的作用。由于信息相关技术的作用，生产要素结合得更加紧密，有力地改善了生产组织效率；由于信息相关技术的作用，生产力要素结合得更加流畅，有力地推动资源、资本、市场组织变革和技术进步。信息经济的发展，使联系更加紧密、更加智能，人与人、人与物、物与物之间广泛联系，活动的自动性也更加明显地反映出自觉性。生产组织智能化，生产力要素组织方式社会化，从而进一步激发技术进步、业态演变，有力地促进生产力的发展。信息经济呈现出如下三个特征：

第一，信息技术是经济增长的加速器。中国信息通信研究院发布的

① 中国信息化百人会课题组：《信息经济崛起：“物联网+”时代产业转型路径、模式与趋势》，电子工业出版社2017年版。

《中国信息经济发展报告》显示，融合型信息经济对信息经济增长的贡献高达92.3%，跨界融合带来的溢出效应总量相当于信息产业自身规模的3倍左右。

第二，信息产业是产业发展的主角。信息产业的这种产业发展主导作用反映在其影响广泛而深刻上。不仅人与人、人与物之间的联系更加紧密，而且物与物之间的联系也更加紧密。信息产业发展促进了数字化、知识化和智慧化，其对经济社会的发展影响深远。

第三，产业生态进入不稳定状态。对经济发展贡献的影响，信息已与资源、资本、技术（知识）一样成为重要（甚至更重要）的因素。相应的信息技术加速创新，新产品、新服务不断涌现，加速了新型业态的出现，使原有产业体系受到挑战甚至冲击。

（二）"互联网+"及其作用

信息经济发展特征说明了信息技术和信息产业的重要影响，而信息技术及信息产业的发展离不开互联网。

> **"互联网+"**
>
> 《国务院关于积极推进"互联网+"行动的指导意见》中指出，"互联网+"是把互联网的创新成果与经济社会各领域深度融合，推动技术进步、效率提升和组织变革，提升实体经济创新力和生产力，形成更广泛的以互联网为基础设施和创新要素的经济社会发展新形态。

2015年7月，国务院提出了"互联网+"发展战略，在发布的《国务院关于积极推进"互联网+"行动的指导意见》中指出，开展"互联网+"行动，积极发挥中国互联网已经形成的比较优势，把握机遇，增强信心，加快推进"互联网+"发展，有利于重塑创新体系、激发创新活力、培育新兴业态和创新公共服务模式，对打造大众创业、万众创新和增加公共产品、公共服务"双引擎"，主动适应和引领经济发展新常态，形成经济发展新动能，实现中国经济提质增效升级具有重要意义见图 4－2。

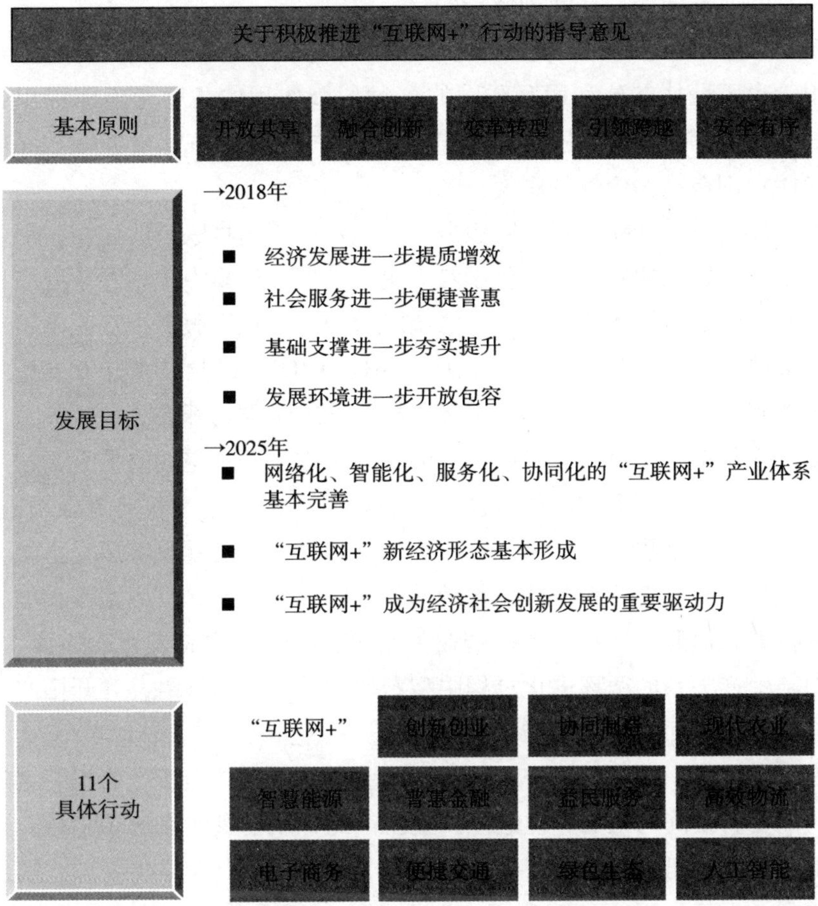

图 4－2 “互联网＋”行动的指导意见内容要求

互联网所形成的信息沟通联系渠道加快了信息传递，提高了分工协作效率。同时，它发挥的不仅仅是信息沟通渠道的作用，在这个网络中，信息更重要的是表现为一种有用的资源，可以再开发、再加工以产生新的效用。互联网广泛地影响着经济领域，渗透于经济，甚至社会生活的各个方面，原因就是它能够促进经济协作、资源配置的效率，能够激发产业结构的积极变革和产业生态的业态演变，从而创造新的社会财富。

“互联网 +” 对稳增长、促改革、调结构、惠民生、防风险具有十分重要的作用，也正是从充分利用互联网的这种积极作用的角度考虑而提出了“互联网 +” 的发展战略。它要把互联网的创新成果与经济社会各领域深度融合，发挥它创造新的价值的作用。

第一，促进技术创新。互联网服务一方面发挥着信息联系的作用，另一方面促进了信息资源的汇集，催化了具有更大发展空间集中式、开放型信息服务平台。这就使得技术的、市场的、金融服务的信息及服务相互联系，形成了更加快捷、经济的服务系统，CAD、ERP、CRM，以及技术开发支持的应用技术得到积极运用，从而有力地促进技术开发工作的开展。

第二，优化资源配置。互联网服务的发展促进了共享空间的扩大，在共享空间下，以第三方平台方式提供的服务，如电子商务和互联网金融领域，需要磨合、完善以信用记录约束经营行为的自律机制，这就改善了交易市场的信用环境，从而改善要素流转配置效率。同时，生产要素资源配置和能力协作效率将大大提升，客户关系、企业关系等生产关系也将发生相应改变。在生产力与生产关系的循环进化过程中型塑成更具效率的网络，并开拓产业网络和价值网络层面新的价值增值空间。

第三，促进组织方式积极变革。互联网服务的发展缩短了产业组织之间及企业与消费者之间的距离，促进了产业生产组织及营销体系的扁平化。这种变化提高了产业组织效率、营销活动效率，同时也催化相应组织方式的变革。事实上，也正是因为“互联网 +” 对生产关系的影响，改变了产业集群内部企业组织之间、产业集群外部企业组织与消费者之间的关系网络，才形成了当前各种基于互联网的新兴经营模式①。

第四，促进社会管理积极变革。互联网服务的发展也促进了智能化，这

---

① 姜睿清、喻登科、薄秋实：“‘互联网 +’ 背景下全要素网络及产业集群生成机理与模式”，《科技进步与对策》，2016 年第 21 期。

为社会事业发展和管理提供了高效的目标实现的手段，如电子政务和公共服务活动利用云计算服务，能够消除信息孤岛，解决管理信息口径不一致的问题，从而提高服务和管理效能。此外，智慧交通、智慧医疗、智慧城市管理等应用，不仅能够改进社会事业发展及相关管理，也将积极促进社会组织、行政事业的改革。

（三）信息经济发展的未来

根据中国信息通信研究院的测算，2015 年我国信息经济同比增长 17.5%，显著高于当年 GDP 增速，占 GDP 的比重超过 27.5%，信息经济对 GDP 增长的贡献率已达 68.6%。其中，信息技术与传统产业融合应用部分成为信息经济增长的主要动力。在经济发展先进地区，信息经济将呈现快速增长，如东部地区信息经济占 GDP 的平均比重已经突破 40%，显著高于中部地区（25.1%）与西部地区（18.8%）。我国国民经济中的重点行业，其信息经济比重从高到低依次为金融（60.1%）、批发零售（39.0%）、装备制造（27.2%）、冶金（12.9%）、化工（12.6%）、纺织服装（10.9%）和房地产（9.3%）。从增速看，重点行业中信息经济年平均增速高达 26%，信息经济在国民经济行业中的占比与作用不断提升，带动产业结构不断优化升级。信息经济周期波动性低于 GDP 波动，起到了经济波动缓冲器的作用。2001～2015 年，我国信息经济增速平均标准差为 1.83%，同期 GDP 增速标准差为 2.36%。

信息经济已经成为带动我国经济增长的重要动力和我国国民经济增长最快的领域，成为带动新兴产业发展、传统产业转型，推动供给侧改革，促进就业和经济增长的主导力量。以信息及通信技术创新、融合、扩散所带来的人类生产效率和交易效率的提升，以及新产品、新业态、新模式的不断涌现，使人类社会的沟通方式、组织方式、生产方式、生活方式正在发生深刻的变革。

二、两化融合的“互联网+”发展方式

信息经济的发展向我们昭示，互联网技术发展不仅促进生产效率的提升、交易效率的提升，还深刻地改变着人类的生产生活方式。互联网技术向各行各业的广泛渗透，促进信息化与工业化深度融合，这样互联网就要成为“互联网+”，要从一个单纯的通信和信息交换工具，转变为促进生产力跃升的发动机。

了解物联网技术及物联网产业的作用，应当从“互联网+”的角度去认识。目前对于物联网的认识，客观地说并未达到完整化、体系化，碎片化现象是存在的，因此我们应当将相关事物或概念联系起来进行认识。比如，工业互联网、工业物联网、物联网、区块链等，他们彼此是什么关系，在“互联网+”环境下的角色的作用是什么，我们应当对这些事物有一个概念边界的基本界定。

（一）“互联网+”的发展

《工业和信息化部贯彻落实〈国务院关于积极推进“互联网+”行动的指导意见〉的行动计划（2015～2018年）》（以下简称《行动计划》）中提出，推进“互联网+”行动的总体目标是互联网与制造业融合进一步深化，制造业数字化、网络化、智能化水平显著提高。那么，数字化、网络化和智能化如何才能做到呢？

关于智能化，《行动计划》提出“智能制造培育推广行动”。行动目标是：新一代信息技术与制造技术融合步伐进一步加快，制造业产品、装备、生产、管理、服务的智能化水平显著提升。到2018年，高端智能装备国产化率明显提升，建成一批重点行业智能工厂，培育200个智能制造试点示范项目，初步实现工业互联网在重点行业的示范应用。

关于网络化，《行动计划》提出“网络基础设施升级行动”。行动目标是：宽带、融合、泛在、安全的下一代国家信息基础设施基本建成，全面提升对“互联网+”的支撑能力。到2018年，建成一批全光纤网络城市，4G

网络全面覆盖城市和乡村，80%以上的行政村实现光纤到村，直辖市、省会主要城市宽带用户平均接入速率达到30Mbps。

关于数字化，《行动计划》提出“系统解决方案能力提升行动”和“信息技术产业支撑能力提升行动”。行动目标是：重点行业信息物理系统（CPS）应用水平和智能制造系统解决方案能力显著提升，工控安全保障体系进一步完善。到2018年，国内工业软件骨干企业营业收入年均增速超过20%，形成一批行业信息物理系统（CPS）应用测试验证平台，培育20余家行业智能制造系统解决方案领军企业。信息技术产业持续快速发展，围绕“互联网+”行动的软硬件技术、产业基础不断夯实。到2018年，高性能计算、海量存储系统、网络通信设备、安全防护产品、智能终端、集成电路、平板显示、软件和信息技术服务等领域取得重大突破，涌现出一批具有自主创新能力的国际领先企业，安全可靠的产业生态体系初步建成。

很清楚，“互联网+”的目标是数字化、网络化和智能化，而实现目标的方式则要能够可靠地完成感知、大数据的计算和存储、大流量通信的功能。

近年来，互联网在扮演着知识爆炸的重要角色，与互联网联系的新事物、新概念层出不穷，比如云计算、大数据、区块链、工业物联网等，然而这些又都是相关的。

云计算和大数据是云平台上的功能，它有两个基本功能，即大数据存储及数据分析计算。大数据的本质特征是信息的海量规模，是信息来源结构的数据集合模式。量大而分布式存在，就需要有特殊能力的平台来完成信息数据分布式采集、分布式计算及分布式存储的功能，这就是云平台。没有大数据的存储和数据分析计算功能，传感系统形成的探测感知信息就不能保存并经过分析计算形成新的更有价值的信息。

区块链，最早作为比特币的底层“账本”记录技术，起源于2009年。它的区块（Block）是网络中事项发生的记录数据的数据包，链（Chain）是将区块串联起来的记录（日志），这种分布式数据处理的技术也称为分布式账本。这种技术对完善网络安全具有积极意义。此外，它的数据存储及分析功能独特，特别是 IOTA（Internet of Things Association）技术对于解决机器与机器（M2M）间的互联问题具有良好的扩展性和分区容错能力，是物联网的先进技术。

“工业物联网”，实际上是物联网技术（Internet of Things，IoT）在工业领域的应用（Industrial Internet of Things，IIoT），目前在物联网技术应用的平台开发中，常见 IIoT 平台的运用，这有利于有针对性地开发平台功能，但在理论上已较少见到使用工业物联网。

此外，有两个重要概念需要辨识，即工业互联网和信息物理系统（CPS）。工业互联网被美国作为“再工业化”的关键的“互联网 +”的实现方式，信息物理系统则成为“工业 4.0”重要战略性技术方式，他们与物联网存在着千丝万缕的联系。

（二）嵌入式系统——物联网发展的先驱

信息及信息技术对生产方式的变革性影响作用显著的是嵌入式系统的发展，如设备级嵌入式系统（工控机）、板级嵌入式系统（单板、模块）、芯片级嵌入式系统（微控制单元 MCU、系统级芯片 SoC）。

20 世纪 70 年代，由于微处理器的出现，使计算机技术出现了应用领域的重大变化，即其应用由计算向计算和控制两个方向演变[①]。嵌入式系统以微处理器为核心，使微型计算机具有高速数值解算能力和小型、价廉、高可靠性特点，极大地提高了自动控制的能力。与此同时，专业人士希望将微处理器嵌入一个对象体系中，实现对象体系的智能化控制，比较有代表性的实践就是大型舰船中的自动驾驶仪或轮机状态监测系统。因为嵌入式系统是将所谓微处理器的计算机嵌入到对象体系中，来实现智能化控制，所以嵌入式系统的技术要求与传统计算机系统的计算功能形成很大差别。为了区别于原有的通用计算机系统，我们把其嵌入到对象体系中，实现对象体系智能化控

① 何立民：“嵌入式系统的定义与发展历史”，《单片机与嵌入式系统应用》，2004 年第 1 期。

制的计算机称作嵌入式计算机系统。嵌入式系统诞生于微型机时代，嵌入式系统的嵌入性本质是将一个计算机嵌入到一个对象体系中去，以此实现智能化控制。

嵌入式系统

嵌入式系统是一个计算机系统，包括处理器、存储器、输入输出（I/O）和软件等功能单元；嵌入式系统面向某些对象的控制或智能控制，系统功能具有专用性，从而能使系统微型、高效；嵌入式系统是将系统嵌入到控制对象中，从而精简存储、通信流程，提高系统响应的实时性。

嵌入式系统的本质是计算机系统，它要具有数值解算能力，这是实现自动控制和智能控制的机身功能，因此这个系统要有处理器，还要有存储器、输入输出功能和软件功能。嵌入式系统与普通计算机系统存在显著不同，嵌入式系统的基本特点是专用性和嵌入性。

专用性，即嵌入式系统只为某一特定对象的控制或智能控制服务，系统功能具有专用性。较强的专用性促进了系统内核微小化，如处理器、存储器、软件可以实现精简。

嵌入性，即嵌入式系统嵌入到控制对象中，这样就可精简存储和通信流程，做到即时响应。

此外，嵌入式系统的操作系统也发展迅速，比如：典型的设计均采用占先式的调度，响应的时间很短，任务执行的时间可以确定；系统内核很小，具有可裁剪，可扩充和可移植性，可以移植到各种处理器上；较强的实时和可靠性，适合嵌入式应用。这些嵌入式实时多任务操作系统的出现，使得应用开发人员得以从小范围的开发解放出来，同时也促使嵌入式有了更为广阔的应用空间。

（三）工业互联网及与物联网的关系

什么是工业互联网？美国通用电气公司（GE）最早提出这一概念，认为工业互联网是全球工业系统与高级计算、分析、传感技术及互联网的高度融合。GE 希望通过在其产品中增加更多的传感器，从而提高机器设备的识别和感知能力，通过计算机完成海量数据计算，通过网络形成相关信息传递，并最终提高设备的能源效率。也就是说，核磁共振成像仪、飞机发动机、发电机组等，都可以连接到工业互联网中，在这个网中，信息泛在，物物相连，时时感知，时时可控。很自然，对于工业互联网，GE 把它描述成：工业互联网 = 传感器 + 大数据。然而，对于工业互联网，大家的认识并不统一。

> **工业互联网**
>
> 工业互联网是新一代信息通信技术与现代工业技术深度融合的产物，是制造业数字化、网络化、智能化的重要载体。
>
> 工业互联网平台是面向制造业数字化、网络化、智能化需求，构建基于海量数据采集、汇聚、分析的服务体系，支撑制造资源泛在连接、弹性供给、高效配置的工业云平台。

观点一：工业互联网是“互联网 + 物联网 + 工业”。这种观点强调的是利用互联网、物联网创造新型工业化平台，寻求产业生态的变革。与此相关联，有观点认为工业互联网是“工业 + 物联网 + 互联网”，它强调了工业技术的数字化、智能化，从而通过技术进步提高生产力的发展。

观点二：工业互联网是“互联网 + 产品服务”或“产品服务 + 互联网”。前者指与产品相关的服务，如运行监控、维修维护等实现产品化，并与主导产品实现功能联通；后者是能够促进用户的定制服务等前导性服务与主导产品实现性能连接。这样就使得制造业的服务空间在互联网的作用下，扩展了产品服务的空间。

观点三：工业互联网是“互联网＋工业服务”，即把工业互联网理解为互联网上的公共平台。在这个公共服务平台上，研发设计、产品或工艺配套、产品流通、营销和售后服务等生产性服务业的开展更加系统、智慧化①。

那么，工业互联网与物联网是什么关系呢？2014 年，世界经济论坛（The World Economic Forum，WEF）、工业互联网联盟（Industrial Internet Consortium，IIC）和埃森哲管理咨询公司合作开展工业互联网研究，给出了他们对工业互联网的理解与定义：“工业互联网，IoT 工业应用的简称，也称为工业物联网或 IIoT”。国内的专家认为，物联网在工业领域的应用就是“工业物联网或工业互联网”②。

中国电信 CPS 平台见图 4－3。

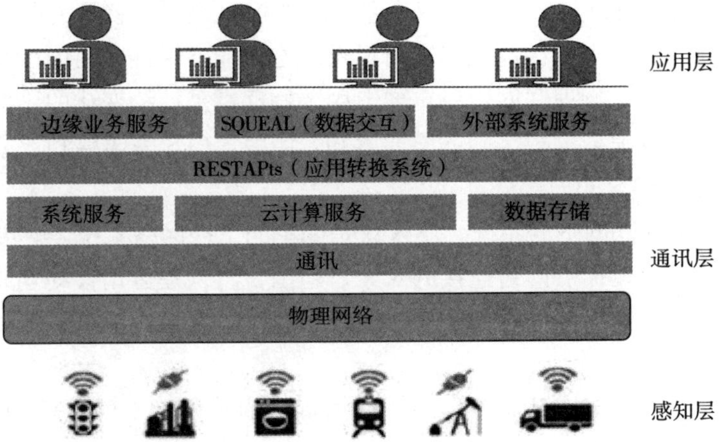

图 4－3　中国电信 CPS 平台

① 高红卫：“工业互联网的概念辨析与发展策略”，《卫星与网络》，2017 年第 6 期。

② 赵敏：“工业互联网平台的六个支撑要素——解读《工业互联网平台白皮书》”，《中国机械工程》，2018 年第 8 期。

（四）信息物理系统与物联网

信息物理系统（CPS）

信息物理系统（Cyber - Physical Systems，CPS）是一个连接着计算、物理信号、通信的系统，通过实时感知、信息传递和动态控制来实现系统自觉、优化、互联、协同、自制，从而达到智能化运行。

CPS 的基础功能是对系统物理及运行环境的感知，在此基础上结合计算、通信和控制（所谓 3C，即 Computer、Communication、Control）功能，使系统具有实时感知和智能运行的能力。

CPS 系统是物理联网，并不仅仅是系统中的信息联网，就是说网络中的信息应当是时间、距离等物理量的实时反映，这才能够保证网络内的远程协调能力和自治能力。物理联网十分重要，由于物理量是持续变化的，要使他们成为有用信息或虚拟的数字，就需要感知。所以，CPS 需要感知，或者说传感器网络也是 CPS 的一部分。

CPS 系统是互联网下的系统，不仅仅是简单的工控网络系统。它要实现远程协调功能，就要扩展网络连接的对象、范围，特别是运用移动互联技术提高协同能力和效率。通信在 CPS 中的地位尤其重要，这是 CPS 分布式数据传递的必然要求。

CPS 系统的计算特征是海量运算。一方面，CPS 信息不仅有感知信息，还包含控制信息、辅助信息；另一方面，CPS 中的信息结构也很复杂，分布式数据的传输、存储必然也增加运算量。

自 2006 年 2 月美国科学院在《美国竞争力计划》中提出信息物理系统概念后，CPS 引起广泛重视。2007 年 7 月，美国总统科学技术顾问委员会（PCAST）在题为《挑战下的领先——竞争世界中的信息技术研发》的报告中列出了八大关键的信息技术，其中 CPS 位列首位。2013 年 4 月，在德国工程院等机构发布的《保障德国制造业的未来：关于实施“工业 4.0”战略的建议》的报告中，明确将战略的实现路径确定为“智能+网络化”并以信息物理系统（Cyber - Physical System，CPS）技术为重要依托。中国科学院院士、华东师范大学教授何积丰表示，“下一代工业将建立在 CPS 之上，随着 CPS 技术的发展和普及，使用计算机和网络实现功能扩展的物理设备无处不在，并将推动工业产品和技术的升级换代，极大地提高主要工业领域的竞争力。”

对于信息物理系统与物联网的关系，有一种看法认为物联网中的物品不具备控制和自治能力，物联网可以看作 CPS 的一种简约应用。也有观点认为，信息物理系统与物联网处于一个闭环的系统中，他们在“物——数据——信息——知识——智慧——服务——人——物”循环中各自发挥相应的作用①。

信息经济发展重要实现方式的比较见表 4 -3。

表 4 -3　　信息经济发展重要实现方式的比较

“互联网+”实现方式	诞生年份	发展情况	特征
嵌入式系统	1970 年	微处理器出现，使控制过程所需要的数值解析计算能力计算机具有微小化、价廉、高可靠等特点，从而促进微处理器嵌入控制对象，极大地提高了智能控制的能力	专用性，即只为特定对象的控制或智能控制服务，从而促进了系统内核微小化，如处理器、存储器、软件可以实现精简；嵌入性，即嵌入式系统嵌入到控制对象中，这样就可精简存储、通信流程，做到即时响应

① 周佳军、姚锡凡、刘敏、张剑铭、陶韬：“几种新兴智能制造模式研究评述”，《计算机集成制造系统》，2017 年第 3 期。

续表

“互联网+”实现方式	诞生年份	发展情况	特征
物联网	2000 年	1999 年，美国麻省理工学院成立 Auto - ID 研究中心展开物联网研究 美国将物联网列为六大突破性技术之一，中国将物联网作为两化融合的关键技术	物联网产业基本层分为四个板块：“感知技术板块”“应用开发板块”“通信服务板块”“运营服务板块”
信息物理系统（CPS）	2006 年	2006 年，美国科学院在《美国竞争力计划》中提出 CPS 概念，2013 年 4 月，德国工程院发布的“工业 4.0”战略中，将 CPS 作为战略实现的基本路径	CPS 的基础功能是对系统物理及运行环境的感知；CPS 系统是物理联网，能够反映网络元素物理量持续变化；CPS 系统是互联网下的系统，要求保证网络元素高速通信需求；CPS 系统的计算特征是海量运算
工业互联网	2012 年	由美国通用电气公司最早提出，认为工业互联网 = 传感器 + 大数据 美国“再工业化”及先进制造发展战略的重要战略行动之一，中国也将其作为两化融合的重要行动内容	工业互联网主要面向制造业，它通过高效配置的工业云平台及泛在连接的通信网络，提供海量数据采集、分析和存储，进而为智能化制造提供支持

第三节　物联网对产业转型升级的作用

一、物联网的生产力功能

马克思在《1861 ~ 1863 年经济学手稿》中提出，看一个社会的发展水平，不是看它生产了什么，而是看它是怎样生产的。生产方式是衡量生产力水平乃至社会发展水平的根本标志和本质特征。生产力要素结合起来，才能形成生产力，而生产力要素结合的方式就是生产方式。信息及信息技术对生产力的促进作用，体现为能够促进要素结合的效率，进而促进生产方式改变并提高生产率。

（一）生产力的影响因素

我们知道，生产力构成要素，包括劳动者、劳动资料和劳动对象，这似乎是来自马克思阐述这个问题的一个经典定义。然而，马克思在《资本论》中也作过这样的说明："劳动生产力是由多种情况决定的，其中包括工人的平均熟练程度、科学的发展水平和它在工艺上应用的程度、生产过程的社会结合、生产资料的规模和效能，以及自然条件。"①

这显然是在使用穷举法来说明生产力的影响因素，虽然对这些因素未加以归纳、抽象，但是这一说明已经可以清晰地看出，这些因素包括技术、管理及自然资源禀赋。技术、管理是除劳动者、劳动资料和劳动对象以外的因素，即使不是构成生产力的具有本质属性的因素，也是能够影响生产力的影响因素。

"劳动者和生产资料始终是生产的要素，但是二者在彼此分离的情况下只在可能性上是生产因素。凡要进行生产，就必须使它们结合起来"②。

决定生产力水平高低的是生产方式，而不是生产力要素本身。生产力要素的简单堆砌并不是生产力，这些要素的有效结合才能转化为改造自然的力量。生产力要素结合方式不同，就会产生不同的生产方式。

"工人的平均熟练程度"，显然指的是人的"技术"，体现了劳动者与劳动对象、劳动者与劳动工具的结合方式；"科学的发展水平和它在工艺上应用的程度"，则指的是劳动工具的"技术"，这体现了劳动工具与劳

① 马克思、恩格斯著：《马克思恩格斯全集》（第 24 卷），人民出版社 1980 年版。
② 同上。

动对象的结合方式；“生产过程的社会结合”，指的是组织和控制活动的“管理”，体现了劳动者之间的结合方式（生产关系的反映之一）；“生产资料的规模和效能”，所指的是资产（资本）和其“管理”，这体现了劳动工具、劳动对象使用的社会化协作的结合方式。总而言之，生产力要素高效能结合，才能产生高水平的生产方式，才能创造高的生产力水平。

实现生产力要素高效能结合，决定性影响因素是技术和管理。第一，技术影响着劳动者生产能力；第二，技术影响着劳动工具的生产能力；第三，管理影响着生产方式。这些又进一步影响生产力水平。

技术和管理有不同的属性，也有相似的作用。技术有自然属性，即人利用自然、改造自然的方式方法要符合自然界的法则，符合自然规律，以此建立人与自然高效率的联系；管理有社会属性，即管理是促使个体能力结合的合力更大，而不是相互抵消的活动，以此建立生产中高效的社会联系。很明显，技术和管理所具有的相似的作用，就是将生产力要素结合起来的能力。

比如面对矿石，不同的劳动力和生产资料的结合，看上去都是“人+矿石”，但其所形成的生产方式，有的体现为大工业生产，有的体现为手工作坊，其所产生出来的生产力也大为不同。生产过程中，技术体现了劳动者和生产资料结合（分工协作）的方法，管理体现了劳动者和生产资料及劳动者之间结合的方式。技术和管理先进，生产力水平就高，这正是技术和管理生产力功能的反映。

（二）物联网对生产力的影响

先进的技术和管理能够促进生产力发展，邓小平同志还把科学技术看作是第一生产力。物联网技术对促进生产力发展的影响是很大的，原因就是其对提高技术和管理的先进水平，具有积极的促进作用。

物联网的特征是万物互联、云计算（大数据计算）和智能化，这实际上给我们铺就了一张这样的网，它帮助我们克服“三个够不到”的问题，这“三个够不到”就是眼睛够不到，脑子够不到和手脚够不到。这张网，帮我们使触角接触到以前“眼睛够不到”的地方，纵向横向扩大了视野；帮我们解决了信息数据处理难题，使控制和业务处理反应达到以前“脑子够不到”的迅捷程度；帮我们提高了智能化程度，使人类的能力达到以前“手脚够不到”的领域。

物联网技术对促进提高技术和管理的作用，在技术方面，体现为促进工具变革，促进工艺变革；在管理方面，体现为促进产品生产的组织方式变革，促进企业经营社会组织方式变革。

促进工具变革。2018 年 8 月 24 日来自交通部的消息“取消高速省界收费站已初步形成总体方案”并没有受到太多关注，但是业内的专业人士却惊呼，这将是对传统的颠覆之举。这个方案的核心就是智能收费，进出高速公路可以不停车地完成车辆识别、费用计算、费用结算，这些采用了感知识别，车辆定位，金融、信用、物理位置等信息云计算技术为基础，形成了新的人工智能收费系统，它将全部取消人工收费系统。试想这样新的系统，将使通关效率成倍提高，管理费用大幅度降低，有人慨叹这是难以估量的功绩。目前，人工智能的技术向生产及社会的方方面面渗透，新的产品、工具不断涌现，机器人、车联网服务、VR 技术、智慧医疗服务、智慧城市管理等，有些成为我们提高生产力的工具，有些成为我们生活的伙伴，他们共同的特点是能力强大，有的甚至带来功能的变革。

促进工艺变革。“互联网 +”的一个重要实现方式是“M2M”。“M2M”最早提出时指的是“Machine - to - Man”，目标是实现交互控制、自动控制，现在更多的是指“Machine - to - Machine”，这是智能化的基础，也是物联网的基本功能。从自动化到智能化，物联网连接起来的不仅仅是信息资源，也放大了人类智慧能力，这就极大地促进了跨界融合、集成创新，智能化的工艺及技术不断涌现，包括无人工厂、工业机器人、无人商店。2011 年，工业机器人全球销售额为 85 亿美元；2017 年，全球机器人市场已达 232 亿美元，同期中国市场规模约为 62.8 亿美元。

促进产品生产的组织方式变革。企业资源计划（Enterprise Resource Planning，ERP），自 20 世纪提出以来，受到企业界的追捧，也为企业提高核心竞争力作出了非常大的贡献，但是运用 ERP 的企业却只有 10% 左右，重要的原因就是，ERP 的触角广泛，而处理能力不足。ERP 涉及供应链管理、市场营销管理、财务管理、产品制造管理，此外还涉及人力资源管理、技术开发管理等。这里每一个领域的信息量都是巨大的，没有数据处理和通信能力来保证，它的管理能力一定是有限的。物联网的到来，增强了云计算和通信的能力，进而促进管理能力的提高，甚至改变生产组织方式。美国每年电网利用率仅有 55%，物联网的引入形成了智能电网，在发电、输电、变电、配电和用电环节，运用双向通信、高级传感器和分布式计算机来改善电力交换和使用的效率，结果大大提高了电网运行效率。

促进企业经营社会组织方式变革。物联网增强了数据处理和通信能力，一方面促进了生产技术组织方式（产品生产组织方式）变革，同时也影响和促进了生产的社会组织方式变革，有些变革甚至是对传统的颠覆。电子商务、共享经济、平台经济、网上众筹、移动支付，这些既实实在在地服务着经济和社会，也极大地改变着传统的社会协作方式。阿里研究院发布的《信息经济呈现十大浪潮》中提出，“平台经济主导的新商业生态”和“大规模协作走向主流”，就是说，产业聚集模式、新的产业业态会冲击原有产业的聚集方式和产业存在的形态。同时，新的经济生态将改变原来工业经济时代对资源独享的资本思维，讲求对资源使用的共享思维。

二、物联网对产业生态演化的促进

（一）物联网与产业生态的优化

新型工业化的基本要求是创新驱动、协同创新、集群集约、智能融合和绿色安全的发展，体现出与传统工业化道路很大不同的产业生态。我们制定产业规划、产业政策，一方面要解决现实的问题，另一方面是优化产业发展的环境，优化产业生态。这就如同生物机理一样，生物链联系顺畅，发展均衡，生物群落会健康发展。

产业生态是相对于某一行业、产业，围绕着相关技术、产品、市场形成关联的构成要素及关系的有机系统，它决定着行业、产业的生存和发展。要素包括生产要素，也包括市场要素（如供应商、消费者）；关系是系统中各组成要素的联系、交流及交换等的方式。

产业生态系统中的关系主要是产业链。其中，技术、产品、市场三个产业链属于核心，此外产业与政府、产业与社会等关系亦属生态系统中的重要关系。也有观点认为，系统中的产业链也是小的系统，即产业生态系统划分为创新生态系统、生产生态系统与应用生态系统三个子系统，它们构成了产业生态系统的核心层。①

创新生态系统（相对于技术方面的产业链），其生态功能就是不断为系统提供新的产品和工艺技术，研发、设计、中试是其基本任务。生产生态系统（相对于生产方面的产业链），其生态功能就是制造质优价廉的产品（服务），开展产品生产的专业化分工协作是该系统的根本任务。应用生态系统（相对于市场方面的产业链），其生态功能就是满足用户、消费者等对产品及服务的需求，针对用户的功能需求、服务需求，高效地了解需求，满足需求是核心工作。

这样的系统如何才能优化，或者说产业生态优化的标准是什么？这个标准就是是否能够提高提供新产品、新技术的效率，是否能够提高制造质优价廉产品的效率，是否能够提高了解需求和满足需求的效率。现代工业发展中，产业、企业各行其是、独来独往几乎是不可能的，企业力图占据链条上每一个节点也是做不到的。生产方式发展要求一定体现为分工越来越细化，协作越来越广泛，就是说，产业生态系统要求系统组成愈加紧密的技术、产品、市场产业链。“互联网 +”也包括物联网在提高产业生态系统中三个核心系统的功能上，并具有强大的助推力。

物联网对产业链环节新业态新模式变革影响的预测见表 4 –4。

---

① 李晓华，刘峰：“产业生态系统与战略性新兴产业发展”，《中国工业经济》，2013 年第 3 期。

表 4-4　　物联网对产业链环节新业态新模式变革影响的预测

产业链环节	新业态新模式类型
技术研发	协同研发/定制设计/模块设计/众包设计/大数据开源/虚拟仿真/定制设计/模块设计/众包设计/大数据开源/虚拟仿真
生产制造	规模化定制/协同制造/数字工厂/云制造/实时采控/动态跟踪/全过程数字化/智能监控
市场供应链	预测供应/智能决策/物流跟踪/物流可视/数字仓储/设计制造协同/供应商标准化/供应商协同/协同采购
销售	电子商务（B2C，020）/社会化推广/按开工量付费

注：此表根据“智能制造新模式、新业态发展研究”整理。

（二）物联网催生新模式新业态

物联网技术的应用对产业生态的影响还表现在其促进技术变革并促进管理变革，其跨界融合的能力催生着产业的新模式、新业态。共享经济、互联网金融、移动支付、车联网、云计算平台、大数据服务、智慧健康服务、研发外包等新的产业运行模式演进让人眼花缭乱。

物联网突出的功能特征是物理感知和万物互联，这是由自动控制转向自觉控制，即智能化的基础。物联网的这样一种作用，使它在具有智能化要求的应用领域能够“大展宏图”。图 4-4 反映了未来物联网影响领域和新业态、新模式的权威预测。

据《物联网白皮书（2018 年）》提出，据市场研究公司（Markets and Markets）的调查报告显示，2018 年全球工业物联网的市场规模约为 640 亿美元，预计将在 2023 年成长至 914 亿美元。工业互联网发展模式初步成型，形成四大应用模式。一是智能化生产，即实现从单个机器到产线、车间乃至整个工厂的智能决策和动态优化，显著提升全流程生产效率、提高质量、降低成本，如三一、中联重科、富士康等；二是网络化协同，即形成众包众创、协同设计、协同制造、垂直电商等一系列新模式，大幅降低新产品开发制造成本，缩短产品上市周期，如商飞、一汽等。三是个性化定制，即基于

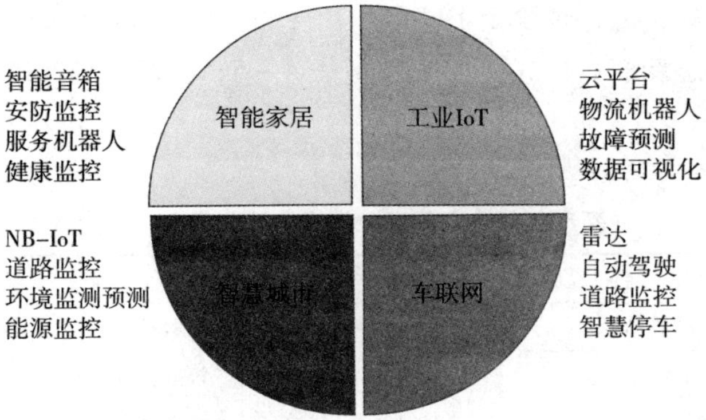

图 4-4 物联网细分领域热点

互联网获取用户个性化需求，通过灵活柔性组织设计、制造资源和生产流程，实现低成本大规模定制，如海尔、红领等。四是服务化转型，即通过对产品运行的实时监测，提供远程维护、故障预测、性能优化等一系列服务，并反馈优化产品设计，实现企业服务化转型，如通用、智能云科等。

共享单车是物联网技术催生的共享经济的一个典型，通过智能锁和物联网平台的联动，一下子破解掉自行车租赁中关键性的瓶颈问题，使相关服务业务以迅猛之势发展。以摩拜、ofo 等为代表的共享单车运营商催生了一个规模化的智能硬件产品和管理千万级终端的物联网平台，同时也给芯片、模组等企业带来了一轮批量的出货。类似的还有共享充电宝、共享按摩椅等，虽然其逻辑和商业模式仍然备受质疑，但却能让普通消费者直接体验到物联网带来的生活方式的改变①。

此外，物联网技术促进智能机器人技术迅速发展，进而又进一步促进智能家居、新型养老服务、新型大健康服务等模式；促进移动支付技术迅速发展，进而又促进互联网金融服务模式。同时，还包括车联网、智慧城市管理等。

新业态新模式，挑战传统运营模式的逻辑，极大地改变了产业运行机

① 知达："中国物联网产业生态报告"，《互联网周刊》，2017 年第 7 期。

制，改变了产业的生态，也改变了城市和社会的管理以及社会服务的方式。

新产业新业态新商业模式统计分类见表4－5；战略性新兴产业分类见表4－6。

表4－5　　新产业新业态新商业模式统计分类

大类	中类	名　称	大类	中类	名　称
01		现代农林牧渔业		0304	核燃料加工
	0101	设施农业		0305	新型电力和热力生产
	0102	生物育种		0306	新型能源相关活动
	0103	其他现代农林牧渔服务业	04		节能环保活动
02		先进制造业		0401	高效节能活动
	0201	新一代信息技术设备制造		0402	先进环保活动
	0202	高端装备制造		0403	资源循环利用活动
	0203	先进钢铁材料制造	05		互联网与现代信息技术服务
	0204	先进有色金属材料制造		0501	现代信息传输服务
	0205	先进石化化工新材料制造		0502	互联网平台（互联网＋）
	0206	先进无机非金属材料制造		0503	互联网信息及其他服务
	0207	高性能纤维及制品和复合材料制造		0504	软件开发生产
	0208	前沿新材料制造		0505	现代信息技术服务
	0209	生物产品制造		0506	网络与信息安全服务
	0210	生物质燃料制造	06		现代技术服务与创新创业服务
	0211	生物制造相关设备制造		0601	研发服务
	0212	新能源汽车及相关设备制造		0602	技术推广服务
	0213	新能源设备制造		0603	质量检验（测）技术服务
	0214	节能环保设备和产品制造		0604	知识产权服务
03		新型能源活动		0605	相关专业技术服务
	0301	页岩油开发		0606	其他现代技术服务
	0302	非常规天然气开采		0607	创新创业服务
	0303	煤制天然气生产		0608	追溯技术服务

续表

大类	中类	名　　称	大类	中类	名　　称
07		现代生产性服务活动		0805	互联网教育
	0701	先进制造业服务		0806	新型便民服务
	0702	现代贸易物流服务		0807	新型住宿服务
	0703	现代互联网金融		0808	新型餐饮服务
	0704	其他现代金融服务		0809	现代体育休闲服务
	0705	现代商务服务		0810	文化娱乐服务
	0706	人力资源服务		0811	现代旅游服务
08		新型生活性服务活动		0812	现代零售服务
	0801	现代医疗服务	09		现代综合管理活动
	0802	健康管理与促进服务		0901	城市智能管理服务
	0803	现代养老服务		0902	现代城市商业综合管理服务
	0804	现代家庭服务		0903	农林牧渔业跨行业融合服务

注：此表根据国家统计局发布“新产业新业态新商业模式统计分类（2018）”整理。

表 4－6　　战略性新兴产业分类

代码	战略性新兴产业分类名称	代码	战略性新兴产业分类名称
1	新一代信息技术产业	3	新材料产业
1.1	下一代信息网络产业	3.1	先进钢铁材料
1.2	电子核心产业	3.2	先进有色金属材料
1.3	新兴软件和新型信息技术服务	3.3	先进石化化工新材料
1.4	互联网与云计算、大数据服务	3.4	先进无机非金属材料
1.5	人工智能	3.5	高性能纤维及制品和复合材料
2	高端装备制造产业	3.6	前沿新材料
2.1	智能制造装备产业	3.7	新材料相关服务
2.2	航空装备产业	4	生物产业
2.3	轨道交通装备产业	4.1	生物医药产业
2.4	海洋工程装备产业	4.2	生物医学工程产业

续表

代码	战略性新兴产业分类名称	代码	战略性新兴产业分类名称
4.3	生物农业及相关产业	6.5	智能电网产业
4.4	生物质能产业	7	节能环保产业
4.5	其他生物业	7.1	高效节能产业
5	新能源汽车产业	7.2	先进环保产业
5.1	新能源汽车整车制造	7.3	资源循环利用产业
5.2	新能源汽车装置、配件制造	8	数字创意产业
5.3	新能源汽车相关设施制造	8.1	数字创意技术设备制造
5.4	新能源汽车相关服务	8.2	数字文化创意活动
6	新能源产业	8.3	设计服务
6.1	核电产业	8.4	数字创意与融合服务
6.2	风能产业	9	相关服务业
6.3	太阳能产业	9.1	新技术与创新创业服务
6.4	生物质能及其他新能源产业	9.2	其他相关服务

注：此表根据国家统计局发布“战略性新兴产业分类（2018）”整理。

第五章
物联网产业发展的规划

物联网技术目标的实现需要技术手段，技术手段包括感知技术、应用开发、通信服务和运营服务，而满足技术装备和技术服务的要求，必然催生新的产业，这就是物联网产业，它为实现物联网技术目标提供实现方式上的保证。

物联网产业如何发展是这一章要说明的，包括产业构成和产业运行的内在要求、产业发展的定位、产业发展的谋划。

第一节 物联网的产业构成和产业运行模式

一、物联网的市场需求方向

产业发展会受到一些因素的影响，这些影响因素同时也会对产业运行模式产生影响，而首要的影响因素便是市场。市场及相应的市场需求，决定着产业及其产品和服务的发展方向。

马航 MH370 失联客机官方公布信息中，“失联飞机总共飞行了五个小时”，是飞机发动机制造商罗尔斯·罗伊斯（Rolls－Royce）公司提供的，其依据就是该公司产品运行工况物联网从失联客机发动机传回的数据；沈阳三一重装公司对已销售的重型矿山采掘设备，实施即时定位工况监控，实现全时跟踪养护及维修的智慧型售后服务；在农业生产上，沈阳市君盾物联网的智慧农业项目已经使用了无线传感智能监控农业大棚技术，感知土壤和空气的温度、湿度，实施特定化学成分自动传感，进而开展智能控制。这些都是离我们很近的物联网。未来，从应用范围看，凡有自动感知识别、智能控制需求的领域都有物联网应用的空间。不仅如此，三产的服务业领域和政府公共服务领域也有智能化互联互通的物联网应用空间。

物联网的主要应用方向是生产服务、生活服务和智慧管理，并且形成了智能制造（工业物联网）、智能电网、智慧物流、智慧农业、智能家居、智慧医疗、车联网、智慧城市及智能交通等具体应用的市场和需求。

（一）智能制造

智能制造是物联网的重要应用领域。近年来，工业物联网的热度越来越高，而智能制造就是工业物联网的主“战场”。美国麻省理工学院“自动识别中心”提出物联网后，这个理念被最早接受的是制造业。美国 2010 年 8 月通过了联邦《2010 年制造业促进法》，后又将物联网列为六大突破性技术之一；2013 年 4 月，德国工业 4.0 工作组发布了《保障德国制造业的未来：关于实施“工业 4.0”战略的建议》，将信息物理系统（CPS）技术作为重要基础。在我国，物联网与制造业融合应用开始较早，目前，体现深度感知、动态监控、数据汇聚和智能控制作用的智能化生产的生产线及无人工厂都已出现。同时，物联网与制造业融合不仅反映在生产领域，其应用还包括设计、新产品研制及中试，在市场营销及售后服务方面也有应用，如物联网大数据功能支持的众创服务和物联网支持的柔性制造中试服务，特别是在营销及售后服务方面，物联网支持的产品售后服务不仅提高了营销和服务效率，也促进了服务方式的变革，甚至促使新兴业态的产生。沈阳三一重装公司对销售的重型矿山采掘设备实施即时定位工况监控，全时跟踪养护及维修的智慧型售后服务，可以直接通知矿山设备操作人：“该换机油了”。这时，三一重装公司销售的就不是产品，而是服务了。

工业物联网

工业物联网云平台是开发和运行各种工业物联网应用功能的云平台，面向制造业的数字化网络化智能化的需求，构建基于海量数据采集汇聚分析的一套服务体系，支撑制造资源的泛在连接、弹性供给、高效配置。工业物联网平台包括Iaa S（基础设施服务化）、Paa S（平台服务化）和Saa S（软件服务化）等三个层面。工业物联网云平台的目的是将工业软件演化为一种服务（Saa S），并为客户提供可以对软件功能进行配置或二次开发的平台（Paa S），将数据信息系统存储到云端，从而使工业企业应用信息系统更加便捷，更有利于管理。

（二）智能电网

物联网在智能电网方面的应用是在物联网技术的支持下，融合先进的传感测量技术、信息通信技术、自动控制技术以及能源电力技术等，实现电力系统的发电、输电、变电、配电、用电和调度等环节的智能化运转。美国缅因州中央电力公司（Central Maine Power Co.）发起了智能电网项目，意图智能化升级缅因州输电网，IBM公司与澳大利亚能源公司（Energy Australia Co.）联合开发了分布式发电职能管理和智能计量等系统，德国斥资1.4亿欧元实施“E—Energy”计划，研发智能电网。我国电力系统的特点是以特高压电网为主干网，电力来源多样，管理复杂，因此更需要安全高效的运行体系。目前，国内开展了大量智能电网相关技术研究和实践，输电技术已经达到国际先进水平，配用电领域的智能化应用研究也取得了积极成果。国网电力科学研究院在发电、输变电、配用电的监管、调度和管理的智能化方面研究和开发了成熟实用的技术，包括电力系统智能系统保护整体解决方案、能效与需求侧管理整体解决方案、计量业务建设整体解决方案、用电信息采集系统整体解决方案、智能配电网整体解决方案、电网智能无人机巡检系统整体解决方案、智能变电站整体解决方案等。

（三）智慧物流

物流业是融合了运输、仓储、货运代理等业务的三产服务业，B2C 电子商务的快速发展以及 IT 技术的发展，促进了物流业向现代物流业的发展，而物联网对这个产业的渗透，进一步促使产业发生根本性的变化，即智慧物流。智慧物流的突出特征是精准、智能，即物流的运储在空间、时间和重量上实现精准控制，在物理量的感知和调度配送的管理上实现智能化管控。杭州的很多企业利用相关平台完全可以实现商品物流的自动识别、网联处理、导航定位及相关网上结算等功能，开启了智慧物流的新实践模式。目前，大数据的应用和跨境物流服务瓶颈的研究吸引了专业人士的注意，相信未来智慧物流会充分融合物流、资金流、信息流，形成精准、智能，高效的全球化物流商业运营模式。

（四）智能家居

当下，智能手机可以说是人们难以离开的生活伴侣，手机制造商不断推出新的技术使得智能手机功能愈发强大，这其中一个强有力的推手就是物联网。近期，华为、苹果等公司推进手机搭载神经网络引擎的 AI 芯片，加速了手机 AI 时代的到来。家电行业也纷纷开启了进军智能家居的征程。海尔公司开展了海尔 U－home、海尔 U＋、智能家电等业务，美的、TCL、格力、长虹等公司也在智能家电、智慧家务等领域进行布局、研发。目前，围绕居家生活的智能、便捷、安全、节能目标，形成了智能家电、家庭网络、家庭安防、能源智能控制、远程教育等方面的应用。大量厂商开始将“全屋智能”作为发展方向，全屋智能通过软硬件一站式解决方案将家居设备（如电器、安防、能源等设备）连接，使用手机进行遥控就可方便地控制家居，使生活行走在智慧中。

（五）智慧医疗

智慧医疗是物联网支持下医疗服务和相关业务的一个应用领域，它与智能家居的物联网应用特点有相似性，与智慧城市的应用特点也有相似性，它既体现生活服务性特点，同时一些应用也有行业管理的特征。这是一个大健康的范畴，其应用包括诊、疗、药、养老及相关医政业务、事务。目前，智慧医疗发展似乎比较平稳，但是也有很多亮点，其应用较为广泛的是与识别技术结合应用的云计算医疗应用，如云医院、影像云、分级诊疗医保服务等。杭州邵逸夫医院用阿里云有力支持了解决跨地转诊问题，有些平台还对药品溯源管理提供有效支持。同时，在诊、疗、药等具体环节也都有积极的发展，如智能检测及诊断应用。澳大利亚开发了一款智能药丸，可以监控我们的心率、体温。谷歌开发了一种有传感器的隐形眼镜，可以实时地从泪液中检测血糖。这样的检测与医疗云平台结合，使这一服务具有大数据和云计算、智能化、移动互联等特征，并极大提高服务效率、效能。

（六）车联网

车联网是近年来物联网应用发展较快的一个领域，包括协助或自动驾驶服务、交通信息与导航服务、职能辅助交通管理、智能泊车服务等。阿里巴巴与上汽集团公司合作，研发汽车互联网应用，大唐电信与长春一汽两公司合作研发新一代汽车电子通信服务方案，标志着我国车联网从概念阶段正式走向应用阶段。特斯拉推出了 Model 智能汽车，其理念是使汽车成为能与其他车辆、后台服务中心、交通监管机构相连，并且能够和谐处理人、车、路的关系的运载设备。目前，汽车、传统互联网企业已纷纷合作和布局发展车联网，在智能交通服务、自动驾驶服务、智能泊车服务等方面形成相对成熟的商业应用。

（七）智慧城市

智慧城市是物联网应用的重要领域，其核心是要在城市建设，城市管理方面实现智能化。2017 年 1 月，国家工信部发布的《信息通信行业发展规划物联网分册（2016～2020 年）》中明确提出，推进物联网感知设施规划布局，结合市政设施、通信网络设施以及行业设施建设，同步部署视频采集终端、RFID 标签、多类条码、复合传感器节点等多种物联网感知设施，深化物联网在地下管网监测、消防设施管理、城市用电平衡管理、水资源管理、城市交通管理、电子政务、危化品管理和节能环保等重点领域的应用。目前，智慧城市的建设尚处于探索试点阶段，技术、系统、运行模式都不成熟，但认识趋向一致，很多城市都已经提出或者开始建设智慧城市，几乎全部副省级以上城市、89% 以上的地市级城市开展了这方面的实践①。

二、产业板块、功能及产业划分

（一）产业板块

物联网这架机器要运行，必须有五个“部件”，包括提出控制需求的用户、提供感知技术的传感技术产品制造商、提供信息传递的通信服务商、提供可实现智能管理控制信息系统开发的应用技术服务商，以及提供所有信息交换、计算、存储的综合服务物联网平台运营服务商。其中，用户是需求层次的“部件”，它提出某些业务管理、控制的需求，其他四个则属于功能层次的“部件”，其功能就是为满足管理、控制的需求提供服务。

物联网运行，必须具有传感技术服务、应用技术服务、通信服务、物联网平台运营服务四项功能。这种功能分类特征也是物联网的产业门类划分参考依据，比如，后面我们将物联网产业基本层分为四个板块，包括“感知技术板块”产业、“应用开发板块”产业，“通信服务板块”产业和“运营服务板块”产业（见图 5－1）。

① 曹晓兵：“中国智慧城市产业发展与城市大数据创新实践”，《软件和集成电路》，2017 年第 8 期。

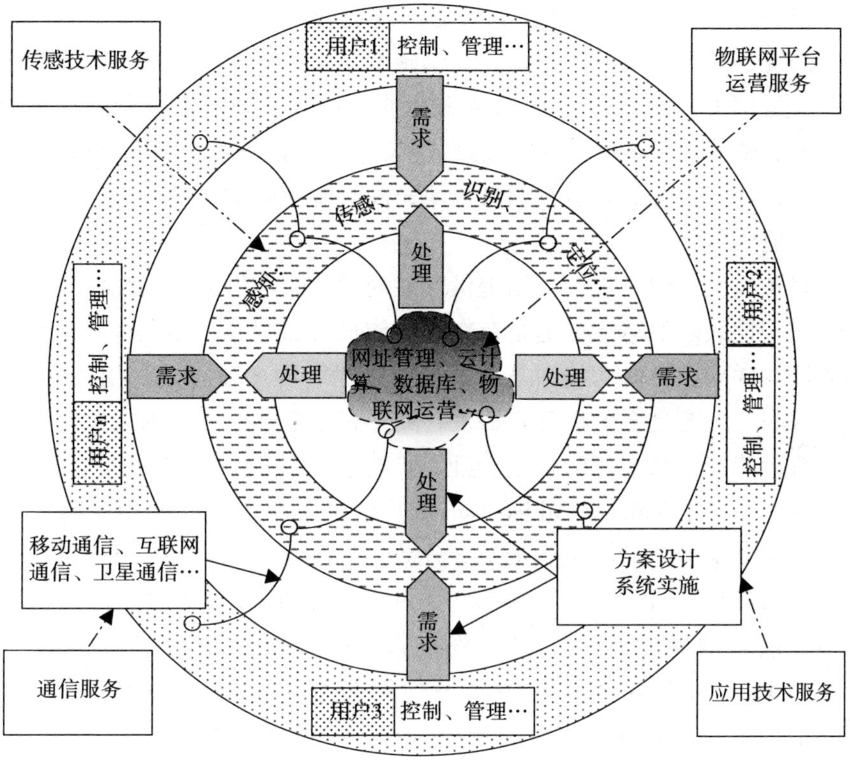

图 5-1 物联网运行模式

（二）产业功能

感知技术板块产业，主要包括射频识别、传感器、智能芯片三大类产品的企业。产品基本功能是对物理量的感知、识别，产品类别较多且更新较快，常见的包括射频识别技术产品、条形码识别技术产品、各类传感器、嵌入式智能芯片等。这个产业是物联网技术的起点，是基础产业，其发展水平对整个产业发展的影响具有决定性。

应用开发板块产业，主要涉及物联网运行系统的硬件和软件服务企业。

该企业的产品（服务）基本功能是保证系统运转起来，提供软硬件支持，包括提供系统解决方案和软件开发、提供硬件、系统集成等。这个产业有两个特点：一是相关企业主要是 IT 技术开发企业，如华为、中兴、联想、腾讯、亚马逊、微软、Google、IBM、思科等公司；二是整个物联网产业都是其下游产业，其服务既面向运营服务板块，同时也对感知技术板块、通信服务板块产业提供服务。

通信服务板块产业，主要包括提供互联网服务的电信运营商和相关增值服务提供商。物联网的运行前提是存在网络信息传递服务，即互联网运营及相关服务是物联网必备的功能，其相关产业是物联网产业重要的组成内容。互联网运营服务主要是电信运营商提供，其中，中国移动、中国电信、中国联通这三大运营商是该产业的核心企业，此外还有互联网增值服务提供商，提供增值网（VAN，Value - Added Carrier）的相关服务，如专用分组交换网、虚拟专用网服务，这类企业量多而分散。

运营服务板块产业，其产业主体是物联网平台服务运营商。目前这种平台比较分散，常见的有百度云“物接入”、机智云、阿里云物联网平台、京东微联、OneNET 等，服务领域包括智慧能源、智能硬件、工业 4.0、智能家居、车联网。物联网运行平台像个舞台，感知、应用开发、通信服务不同的产业角色都要汇集到它上面，它要支撑物联网的运行，就要具备对象接入服务、大数据服务、云计算服务等功能。因此，这个产业的企业常常来自互联网企业、电信企业，如阿里巴巴、百度、中国移动，也有些来自 IT 产业和制造业企业，如运营 COSMOPlat 工业互联网平台的海尔集团。

（三）产业划分的认识及相关情况

当前，对于物联网产业划分并未形成统一认识。无锡市政府在相关规划时，提出物联网产业链的四大环节，即硬件、软件、运营服务和系统集成组成。若按层次划分，则包括末端系统、通信系统、管理和应用系统三个层次。北京市经信委根据产业发展和规划的客观要求，提出了一个细化的产业分类标准（见表5-1）。

表5-1　　北京市物联网产业统计分类标准

大类	中类	小类	对应《国民经济行业分类》行业代码
物联网制造业	感知层制造业	传感器制造	3962 半导体分立器件制造
		射频识别（RFID）制造	3962 半导体分立器件制造
		条码识别设备制造	3474 复印和胶印设备制造
		多媒体采集设备制造	395 视听设备制造
		地理信息设备制造	4023 导航、气象及海洋专用仪器制造
		物联网通用仪器制造	401 通用仪器仪表制造
		物联网专用仪器制造	402 专用仪器仪表制造
		其他智能终端制造	3919 其他计算机制造
	网络层制造业	通信模块制造	3922 通信终端设备制造
		网络连接和安全防护设备制造	3919 其他计算机制造
		通信系统设备制造	3921 通信系统制造
	支撑层制造业	物联网芯片制造	3963 集成电路制造
		物联网通用电子器件制造	396 电子器件制造
		物联网通用电子元件制造	397 电子元件制造
物联网服务业	网络层服务业	电信传输服务	631 电信服务
		广播传输服务	632 广播电视传输服务
		卫星传输服务	633 卫星传输服务
		互联网接入及相关服务	641 互联网接入及相关服务
	支撑层服务业	操作系统和中间件开发	651 软件开发
		互联网平台	6540 数据处理和存储服务
		芯片设计	655 集成电路设计
	应用层服务业	应用软件开发	651 软件开发
		解决方案及系统集成服务	6520 信息系统集成服务
		位置信息服务	6591 数字内容服务
		物联网营运服务	6490 其他互联网服务
		物联网增值服务	6420 互联网信息服务

续表

大类	中类	小类	对应《国民经济行业分类》行业代码
物联网服务业	其他相关服务业	物联网安全服务	6599 其他未列明信息技术服务业
		物联网科技研发服务	732 工程和技术研究和试验发展
		物联网科技中介服务	752 科技中介服务
		物联网技术推广服务	751 技术推广服务
		物联网检验检测服务	745 质检技术服务
		物联网咨询服务	6530 信息技术咨询服务
		物联网知识产权服务	7250 知识产权服务
		物联网相关产品批发	517 机械设备、五金产品及电子产品批发
		物联网相关产品零售	527 家用电器及电子产品专属零售
		物联网相关设备租赁	7114 计算机及通信设备租赁
		物联网相关设备维修	802 计算机和办公设备维修
		物联网产业金融服务	674 资本投资服务
		物联网相关社会团体	942 社会团体

资料来源：北京市经信委发布的《北京市物联网产品分类参考目录》。

三、产业生态特征及产业运行模式

（一）物联网产业生态的基本特征

研究和准确把握物联网产业运行的规律，对于科学规划和有力促进其产业发展是十分重要的。很多学者对此进行了研究，有的以产业组织理论为研究依据进行研究，有的以产业链理论、产业集群理论、产业融合理论等为依据进行研究，其研究的重点、目标也存在差异，因此对物联网产业运行的认识难归一统。《信息通信行业发展规划物联网分册（2016～2020年）》对物联网产业“十二五”时期的发展作了一个回顾，指出产业体系初步建成，已形成包括芯片、元器件、设备、软件、系统集成、运营、应用服务在内的较为完整的物联网产业链。其中涉及的产业跨越制造业、服务业两大领域，涉及材料、装备制造、IT技术、通信、现代服务业等。

我们开展产业分类，制定产业发展规划和产业政策，需要准确把握物联网产业运行的规律，这就应当首先认识其特征。就实践观点来看，产业链理论的分析角度更接近实践，也能很好地解释物联网产业特征，因此这里着重从产业链角度分析物联网产业生态和产业运行。物联网产业生态特征的基本特征反映为价值链主导产业运行，其渗透力和激发能力很强。

特征一：产业运行中价值链具有主导性。

关于产业链有不少研究，刘贵富（2006）在《产业链基本理论研究》中介绍了关于产业链构成研究的主要观点。比如：以资源导向、产品导向、市场导向和需求导向来划分，将产业链分为四种结构类型；根据企业之间的相互依赖程度和企业间协作关系将产业链划分为供应商垄断型、目标企业垄断型、独立竞争型和相互依赖型四种；从生产要素投入角度划分，将产业链分为劳动力追加链、资金追加链、技术追加链、附加价值链四种。与产业协作直接相关的联系产生于三个方面，即技术、产品、市场，相应的链接关系就是技术链、供应链和价值链。通过技术链串联起来的产业，产业协作按照工艺路线来展开，其突出特点是有龙头企业，连接的企业联系紧密，但协作面较窄；通过供应链串联起来的产业，产业协作是通过协议约束方式来展开，在买方市场下采购方强势，反之，供应方强势，企业联系相对松散，协作面较宽；通过价值链串联起来的产业，产业协作是在市场利益驱动下开展，价值链环节由产品价值产生过程所形成，或由产品附加价值产生过程所形成，只要是有价值产生的过程，价值链的链环、链节随时可延展延伸。

产业链将企业联结成产业，联结中技术链、供应链和价值链都可能发挥作用，但一定有某一链条是起到关键作用的。比如，汽车产业联盟中技术链无疑是决定性的产业链。物联网的关键性产业链是什么呢？在物联网产业中，具有主导性的产业链一定是价值链。第一，产品的特殊性决定了要通过价值链来联结。物联网的产品是为其服务对象提供增值服务，核心业务具有服务业属性，这种产品不同于制造业的产品，也不同于传统服务业的对象和业务固定的服务产品，自然不会通过技术链、供应链来实现有效联结。第二，产业链极易延展，具有价值链特征。物联网产业的服务产品一般是定制的，即具有唯一性，而服务对象具有广泛性，不仅服务生产，也服务生活。第三，产业的产品附加值高，激发价值链发挥作用。实践的情况反映，物联网产业中通信、大数据及云计算、系统集成、感知及识别技术等均表现出很强的市场获利能力，这必然会促使价值链功能增强。

特征二：对其他产业具有很强渗透力和激发力。

物联网产业的渗透力表现为与其他产业结合的能力。物联网产业包括四个板块，即感知技术产业、应用开发产业、通信服务产业和运营服务产业。其中，运营服务产业是产业的核心。运营服务产业属于服务业，因此物联网具有服务业属性，同时也决定了物联网“哪里需要哪里去”的特点，决定了它较强的融合性。实践中，物联网的应用领域，从最初的工程装备的工况智能化控制开始，走千家进万户，与技术研发结合出现了模拟产品、模拟实验、VR 应用；与汽车技术结合出现了车联网；与装备制造结合出现了无人工厂、工业机器人。物联网不仅在生产服务领域有如此表现，还向生活服务、市政管理领域发展，包括智能家居、智慧医疗、智能城市等。

物联网产业的激发能力表现为对其他产业运行的影响强度。物联网具有较强的融合性，相对应的其他产业都欢迎它，这是因为物联网对其他产业运行具有积极的影响，并且影响较大。影响积极，是因为这种影响促进其他产业运行的效率，促进生产力提高；影响较大，反映在促进产业运行效率提高的程度，这个影响程度，一方面体现为量变的反映，另一方面则可能是质变的反映，比如促进催生新兴业态，变革传统模式。

（二）产业运行模式

产业运行模式是指某一产业体系运转的方式，它与某一特定时期的产业生态相适应。

关于物联网产业运行模式，有不少的研究。王思博（2017）的研究指出，物联网产业价值重心向应用层转移，这关系到物联网整体解决方案；物联网平台成为构建产业生态的关键，电信运营商、互联网企业、IT 行业，甚至物联网用户的制造业企业纷纷推出运营平台；不断有新技术渗透进来助力物联网产业发展，卫星、区块链、边缘处理技术等形成新的融合；产业运转体现出层次性，即感知层产业、网络层产业、支撑层产业、应用层产业和其他相关服务产业[①]。郑欣（2011）的研究表明，物联网产业没有形成稳定成熟的商业模式，产业链中上下游联动效应不明显。同时也强调，物联网产业可能形成以下商业模式：一是政府投资建设模式，特别是民生领域和公共服务领域；二是增值回收成本模式，如谷歌和百度主导的方式；三是通信运营商主导模式，如中国电信、中国联通、中国移动等都开发了平台并运行；四是行业直接应用模式，如电力、石油、铁路等行业通过构建行业公共平台推动运行；五是以满足用户需求为切入点的企业推动模式，如海尔建立并启动的智能家居物联网。知达（2017）的研究说明，临近行业普遍看好物联网产业发展，纷纷布局，电信运营商积极布局物联网平台，互联网企业也积极推进平台建设，基础半导体巨头推出物联网专用芯片，IT 企业加快推出云计算、系统解决方案；一些应用领域形成初步商业化的运营模式，如车联网；目前全球的物联网技术体系、商业模式仍在不断演变，并呈现出平台化、云化、开源化特征。《中国工业和信息化》的综评（2018）重点对工业物联网的平台运行进行了研究。研究指出，工业物联网平台包括 IaaS（基础设施服务化）、PaaS（平台服务化）和 SaaS（软件服务化）三个层面：IaaS 是物联网运行的基础，PaaS 是物联网运行的保障，SaaS 是物联网运行的前提。其中，SaaS 层出现了细分，有业务运行和应用创新；PaaS 层出现大量的平台商，有互联网企业开发的平台，也有行业性平台，还有用户企业自行开发的平台；IaaS 层也出现了行业细分，如云计算、数据解析及存储、边缘技术解决方案等服务。

《中国物联网行业白皮书 2018》阐述了中国 2017 年物联网产业发展的一般情况，基础性的感知传感技术领域的产业自身也受到技术不断升级的挑战；三大运营商积极应用 NB－IoT，并完善基础建设，以 5G 技术巩固平台地位；平台建设成为巨头布局的战场，平台开发者包括互联网企业、制造业

① 王思博："物联网产业发展趋势和统计分类研究"，《现代电信科技》，2017 年第 3 期。

企业；物联网产业运行进一步催生衍化出新的业务甚至业态，部分行业领域开始出现智能化公司，如大数据公司和无人工厂解决方案企业；市场不断细分，导致产业门类衍化不停。工业和信息化部发布的《信息通信行业发展规划物联网分册（2016～2020年）》，关于物联网产业的发展，规划目标强调了产业生态体系，规划了这个体系的结构要素，即基础设施、核心技术、服务产品和商业模式。基础设施的基本发展目标是形成网络支撑；核心技术的基本发展目标是形成网络及操作系统、感知、通信、数据存储计算等技术创新；服务产品的基本发展目标是形成基础装备制造、平台运营、存储及计算等三大领域优势产品和服务以及优势品牌；商业模式的基本发展目标是形成融合移动互联网、云计算和大数据功能的商业化运行。

产业运行模式必然要与产业生态发展水平、生态功能相适应，也就是说，产业协作要求对产业运行模式具有决定性影响，同时体现产业生态功能对产业板块和市场需求也有重要影响。综合上述情况，对于物联网产业运行模式，我们可以得出以下结论：

1. 物联网产业体系基本构成包括感知技术产业、应用开发产业、通信服务产业和运营服务产业，服务领域涉及服务于消费者的消费性物联网，服务于制造业的工业物联网，服务于市政及公共事业的智慧城市物联网；

2. 物联网平台是物联网产业链中的关键环节，从理论上看，它是纵向产业链接和横向服务链接的枢纽；从实践上看，平台建设成为巨头布局物联网的重点领域；

3. 产业协调发展应当重点解决的问题是基础设施、核心技术、服务及产品、商业模式，目前核心技术、服务及产品的发展相对较弱。

4. 物联网产业稳定成熟的商业模式还没有形成，一是由于需求碎片化、市场不断细分对产业门类衍生存在影响；二是产业技术不断升级的影响。

5. 一些应用领域形成初步商业化的运营，其运营模式显示，服务对象行业核心或龙头企业主导开发平台，往往是运行成功的关键。

第二节 新旧动能转换中物联网产业的发展目标

一、政策导向

自2010年以来，为推进我国物联网健康有序发展，在产业战略规划、技术标准研究、资金和重点项目等方面，国家相继出台了多项政策和激励措施，以期在宏观上对其加以政策指导、规范和支持。同时，各地方政府也制定了相关政策、规划及措施等。

（一）关于物联网产业发展目标

《中华人民共和国国民经济和社会发展第十三个五年规划纲要》（以下简称《纲要》）中明确提出，“推进物联网感知设施规划布局，发展物联网开环应用”，将致力于加强通用协议和标准的研究，推动物联网不同行业、不同领域应用间的互联互通、资源共享和应用协同，总结形成一批综合集成应用解决方案，促进传统产业转型升级，提高信息消费和民生服务能力，提升城市和社会管理水平。《纲要》还明确提出，加强现代信息基础设施建设，推进大数据和物联网发展，建设智慧城市。

《“十三五”国家战略性新兴产业发展规划》（国发〔2016〕67号）提出，实施网络强国战略，加快建设“数字中国”，推动物联网、云计算和人工智能等技术向各行业全面融合渗透，构建万物互联、融合创新、智能协同、安全可控的新一代信息技术产业体系。到2020年，力争在新一代信息技术产业薄弱环节实现系统性突破，总产值规模超过12万亿元。要加强物联网网络架构研究，组织开展物联网重大应用示范，加强云计算、物联网、工业互联网、智能硬件等领域操作系统的研发和应用，加强物联网在多领域的深度融合应用。

《中国制造2025》（国发〔2015〕28号）中与建设制造强国相关的信息

化建设目标明确，为了实现到2020年基本实现工业化，到2035年全面实现工业化，新中国成立100年时，建成全球领先的技术体系和产业体系的目标，必须要推进信息化与工业化深度融合。加快推动新一代信息技术与制造技术融合发展，把智能制造作为两化深度融合的主攻方向；着力发展智能装备和智能产品，推进生产过程智能化，培育新型生产方式，全面提升企业研发、生产、管理和服务的智能化水平。

2011年11月，工业和信息化部印发了《物联网“十二五”发展规划》，提出到2015年，我国要在核心技术研发与产业化、关键标准研究与制定、产业链条建立与完善、重大应用示范与推广等方面取得显著成效，初步形成创新驱动、应用牵引、协同发展、安全可控的物联网发展格局，形成较为完善的物联网产业链，培育和发展10个产业聚集区，100家以上骨干企业，一批“专、精、特、新”的中小企业，建设一批覆盖面广、支撑力强的公共服务平台，初步形成门类齐全、布局合理、结构优化的物联网产业体系。

工业和信息化部2016年12月印发了《信息通信行业发展规划物联网分册（2016~2020年)》，其发展目标是到2020年，具有国际竞争力的物联网产业体系基本形成，包含感知制造、网络传输、智能信息服务在内的总体产业规模突破1.5万亿元，智能信息服务的比重大幅提升。推进物联网感知设施规划布局，公众网络M2M连接数突破17亿个。物联网技术研发水平和创新能力显著提高，适应产业发展的标准体系初步形成，物联网规模应用不断拓展，泛在安全的物联网体系基本成型。同时，提出了5大目标：

1. 技术创新。产学研用结合的技术创新体系基本形成，企业研发投入不断加大，物联网架构、感知技术、操作系统和安全技术取得明显突破，网络通信领域与信息处理领域的关键技术达到国际先进水平，核心专利授权数量明显增加。

2. 标准完善。研究制定200项以上国家和行业标准，满足物联网规模应用和产业化需求的标准体系逐步完善，物联网基础共性标准、关键技术标准和重点应用标准基本确立，我国在物联网国际标准领域话语权逐步提升。

3. 应用推广。在工业制造和现代农业等行业领域、智能家居和健康服务等消费领域推广一批集成应用解决方案，形成一批规模化特色应用。在智慧城市建设和管理领域形成跨领域的数据开放和共享机制，发展物联网开环应用。

4. 产业升级。打造10个具有特色的产业集聚区，培育和发展200家左右产值超过10亿元的骨干企业，以及一批“专精特新”的中小企业和创新载体，建设一批覆盖面广、支撑力强的公共服务平台，构建具有国际竞争力的产业体系。

5. 安全保障。在物联网核心安全技术、专用安全产品研发方面取得重要突破，制定一批国家和行业标准。物联网安全测评、风险评估、安全防范、应急响应等机制基本建立，物联网基础设施、重大系统、重要信息的安保能力大大增强。

（二）产业发展的基本任务

关于物联网产业发展的基本任务，中央文件都予以明确并提出要求，其中，《物联网“十二五”发展规划》《信息通信行业发展规划物联网分册（2016～2020年）》《信息化和工业化融合发展规划（2016～2020年）》的内容要求比较具体。下面重点说明《信息通信行业发展规划物联网分册（2016～2020年）》提出的产业发展六项基本任务。

1. 强化产业生态布局。一是加快构建具有核心竞争力的产业生态体系。以政府为引导、以企业为主体，集中力量，构建基础设施泛在安全、关键核心技术可控、产品服务先进、大中小企业梯次协同发展、物联网与移动互联网、云计算和大数据等新业态融合创新的生态体系，提升我国物联网产业的核心竞争力，包括推进5G技术研发和商用实验，促进5G与物联网垂直行业应用深度融合；建立安全可控的标识解析体系，构建泛在安全的物联网；突破关键核心技术；在感知识别和网络通信设备制造等重要领域发展先进产品和服务；鼓励企业开展商业模式探索；支持龙头企业以互联网平台化服务模式整合感知制造、应用服务等上下游产业链；培育200家左右技术研发能力较强、产值超10亿元的骨干企业，形成良性互动的发展格局。二是加快物联网产业集聚。继续支持无锡国家传感网创新示范区的建设发展，打造具有全球影响力的物联网示范区。加快推动重庆、杭州、福州等物联网新型工业化产业示范基地的建设提升和规范发展，增强产业实力和辐射带动作用；结合“一带一路”倡议、长江经济带、京津冀协同发展等区域发展战略，打造一批具有鲜明特色的物联网产业集聚区；优化产业集聚区发展环境，促进集聚区之间的资源共享、优势互补，推动物联网产业有序健康发展。三是推动物联网创业创新。完善物联网创业创新体制机制；总结复制推广优秀的物联网商业模式和解决方案，培育发展新业态新模式；加强创业创新服务平台建设，提升物联网创业创新孵化；支撑服务能力；鼓励和支持有条件的大型企业发展第三方创业创新平台，提供创业指导、团队建设、技术交流、项目融资等服务，带动产业上下游中小企业进行协同创新；引导社会资金支持创业创新，不断加大对创业创新企业的融资支持，促进创新成果产业化；鼓励开展物联网创客大赛，激发创新活力；引导各创业主体在设计、制造、检测、集成、服务等环节开展创意和创新实践，促进形成创新成果并加强推广。

2. 完善技术创新体系。加快协同创新体系建设。一是以企业为主体，加强研发布局和协同创新，继续支持各类物联网产业和技术联盟发展，推进产需对接，有效整合产业链上下游协同创新；支持企业建设一批物联网研发机构和实验室，提升创新能力和水平；鼓励企业与高校、科技机构对接合作，畅通科研成果转化渠道；整合利用国际创新资源，实现高水平、高起点上的创新。二是突破关键核心技术，研究低功耗处理器技术和面向物联网应用的集成电路设计工艺，提升智能传感器设计、制造、封装与集成、多传感器集成与数据融合及可靠性领域技术水平；研究面向服务的物联网网络体系架构、通信技术及组网等智能传输技术，加快发展NB - IoT等低功耗广域网技术和网络虚拟化技术；研究物联网感知数据与知识表达、智能决策、跨平台和能力开放处理、开放式公共数据服务等智能信息处理技术，进一步完善基础功能组件、应用开发环境和外围模块。发展支持多应用、安全可控的标识管理体系；加强物联网与移动互联网、云计算、大数据等领域的集成创新，重点研发满足物联网服务需求的智能信息服务系统及其关键技术；强化各类知识产权的积累和布局。

3. 构建完善标准体系。一是完善标准化顶层设计，建立健全物联网标准体系，发布物联网标准化建设指南，进一步促进物联网国家标准、行业标准、团体标准的协调发展。二是加强关键共性技术标准制定。加快制定传感器、仪器仪表、射频识别、多媒体采集、地理坐标定位等感知技术和设备标准；制定无线传感器网络、低功耗广域网、网络虚拟化和异构网络融合等网络技术标准；制定操作系统、中间件、数据管理与交换、数据分析与挖掘、服务支撑等信息处理标准；制定物联网标识与解析、网络与信息安全、参考模型与评估测试等基础共性标准。三是推动行业应用标准研制。大力开展车联网、健康服务、智能家居等产业急需应用标准的制定，持续推进工业、农业、公共安全、交通、环保等应用领域的标准化工作；加强组织协调，建立标准制定、实验验证和应用推广联合工作机制，加强信息交流和共享，推动标准化组织联合制定跨行业标准，鼓励发展团体标准，支持联盟和龙头企业牵头制定行业应用标准。

4. 推动物联网规模应用。一是大力发展物联网与制造业融合应用。围绕重点行业应用，推动生产制造全过程、全产业链、产品全生命周期的深度感知、动态监控、数据汇聚和智能决策；通过对现场级工业数据的实时感知与高级建模分析，形成智能决策与控制；完善工业云与智能服务平台，提升工业大数据开发利用水平，初步形成跨界融合的制造业新生态。二是加快物联网与行业领域的深度融合。面向农业、物流、能源、环保、医疗等重要领域，推进物联网集成创新和规模化应用，支持物联网与行业深度融合；实施农业物联网区域试验工程，推进农业物联网应用，提高农业智能化和精准化水平；深化物联网在仓储、运输、配送、港口等物流领域的规模应用，支撑多式联运，构建智能高效的物流体系；加大物联网在污染源监控和生态环境监测等方面的推广应用，提高污染治理和环境保护水平；深化物联网在电力、油气、公共建筑节能等能源生产、传输、存储、消费等环节的应用，提升能源管理智能化和精细化水平，提高能源利用效率；推动物联网技术在药品流通和使用、病患看护、电子病历管理等领域中的应用，积极推动远程医疗、临床数据应用示范等医疗应用。三是推进物联网在消费领域的应用创新。鼓励物联网技术创新、业务创新和模式创新，积极培育新模式、新业态；加强车联网技术创新和应用示范，发展车联网自动驾驶、安全节能、地理位置服务等应用。推动家庭安防、家电智能控制、家居环境管理等智能家居应用的规模化发展，打造繁荣的智能家居生态系统。发展社区健康服务物联网应用，开展基于智能可穿戴设备远程健康管理、老人看护等健康服务，推动健康大数据创新应用和服务发展。四是深化物联网在智慧城市领域的应用。推进物联网感知设施规划布局，结合市政设施、通信网络设施以及行业设施建设，深化物联网在地下管网监测、消防设施管理、城市用电平衡管理、水资源管理、城市交通管理、电子政务、危化品管理和节能环保等重点领域的应用；建立城市级物联网接入管理与数据汇聚平台，推动感知设备统一接入、集中管理和数据共享利用；建立数据开放机制，制定政府数据共享开放目录，推进数据资源向社会开放，鼓励和引导企业、行业协会等开放和交易数据资源，深化政府数据和社会数据融合利用；支持建立数据共享服务平台，提供面向公众、行业和城市管理的智能信息服务。

5. 完善公共服务体系。一是打造物联网综合公共服务平台。引导多种投资参与物联网公共服务能力建设，形成资源共享、优势互补的公共服务平台体系；促进资源流动与开放共享，提供物联网技术研发、标识解析、标准测试、检验检测等公共技术服务；充分发挥物联网各类联盟的作用，加强产业链上下游协同，促进产需对接和成果转化；鼓励龙头企业强化产业生态布局，提供第三方开发能力和解决方案，带动物联网中小企业协同发展；继续推进科技金融、投融资担保、政策咨询、知识产权服务、成果转化、人才培养等综合公共服务平台建设，认定一批物联网公共服务示范平台；探索建立公共服务平台多方参与、合作共赢的商业模式，推动公共服务平台市场化、专业化运营，实现平台自我造血，促进公共服务健康可持续发展。二是加强物联网统计监测和发展评估。建立物联网统计监测平台，完善统计指标体系；加强产业运行分析，把握产业发展规律，优化产业相关政策，指导和统筹全国物联网发展；建立物联网发展评估体系，对各地区物联网产业发展进行分析评估，为推动物联网产业有序健康发展提供支撑。

6. 提升安全保障能力。一是推进关键安全技术研发和产业化。引导信息安全企业与物联网技术研发与应用企业、科研机构、高校合作，促进安全技术成果转化和产业化，满足公共安全体系中安全生产、防灾减灾救灾、社会治安防控、突发事件应对等方面对物联网技术和产品服务保障的要求。二是建立健全安全保障体系。加强物联网安全技术服务平台建设，大力发展第三方安全评估和保障服务；建立健全物联网安全防护制度，开展物联网产品和系统安全测评与评估；对工业、能源、电力、交通等涉及公共安全和基础设施的物联网应用，强化对其系统解决方案、核心设备与运营服务的测试和评估，研究制定“早发现、能防御、快恢复”的安全保障机制，确保重要系统的安全可控；对医疗、健康、养老、家居等物联网应用，加强相关产品和服务的评估测评和监督管理，强化个人信息保护机制。

二、产业协作的客观要求

（一）产业链的基本特点

如前所述，物联网产业运行中突出的特征是产业价值链具有主导性，对其他产业具有很强的渗透力和激发能力。也就是说，物联网产业主要是以价值链来维系产业运行，与其他产业以技术链、供应链为主来运行不同。同时，物联网产业与其他传统产业融合性好，融合后还进一步促进其他产业运行的改进甚至变革。在我们确定产业发展目标时，应当考虑物联网产业的特征，通过其特征，认识产业协作的客观要求，科学决策产业发展目标（见图 5－2）。

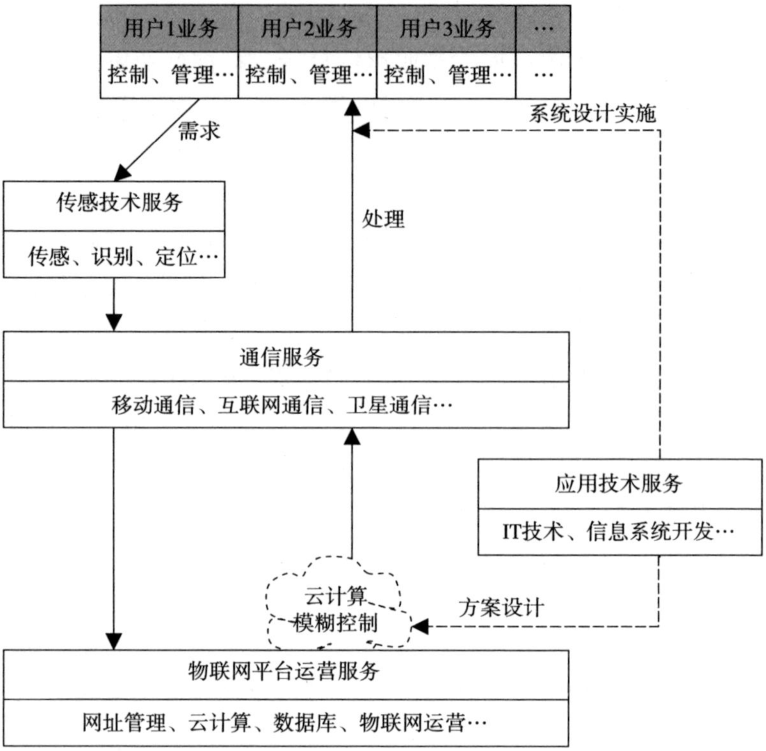

图 5-2　物联网产业协作关系

1. 产业技术基础与产业运行核心不重叠。一般来讲，传统产业的产业技术基础与产业运行核心是重叠的，如钢铁制造产业，其产业技术基础是钢铁冶炼技术，而产业运行核心也恰是钢铁冶炼的运营企业，也就是所谓的龙头企业。这样一来，谋划、促进产业发展的关键就在于抓龙头企业。抓住了龙头企业，就抓住了产业链的核心，就容易形成产业协作，容易理顺链条关系。

物联网产业的协作体现的是产业技术基础与产业运行核心不重叠的特点。物联网的产业技术基础是感知技术产业板块，它是影响物联网产业发展水平的关键。感知技术进步的难度，要高于相关的其他产业，如通信服务产业、平台服务产业及应用技术服务产业，这就决定了感知技术产业在物联网产业中具有举足轻重的影响，即感知技术是产业技术基础。物联网的产业运行核心是平台服务产业，物联网产业链中具有主导性的是价值链，而价值链的核心恰是平台服务产业。物联网运行平台发挥着链接四面，协调八方的作用，是产业协作的关键功能所在，显然，平台服务产业是物联网的产业运行核心。

2. 产业协作关系呈现网状形式。我们知道，产业链理论基本研究命题有两个，一个是联系，一个是秩序。关于秩序，研究的结果就是产业的上下游学说，即产业内的企业有上下游之分。产业内的协作必须依循这种秩序，不能前后序混淆，甚至颠倒，这就像制造业企业中的生产工序一样，紧前工序、紧后工序不能任意改变。曾有研究者将物联网产业划分出上中下游产业，指出：上游部分是由通信供应商、芯片供应商、外部硬件供应商、射频识别和传感器供应商等组成；中游部分包括系统设备商、系统集成商、系统平台和软件集成商组成，主要是各类物联网相关设备的开发和集成企业；下游部分是由电信运营商和物联网运营商组成，最后环节是面向消费市场。

这里，我们应当认清两个问题：一是上下游学说能否解释物联网产业运行，二是物联网产业协作中的秩序怎样。上下游学说解释物联网产业运行是不完美的，系统开发和软件集成不仅针对感知端信息系统提供服务，而且还对平台系统、通信端信息系统提供服务。系统开发和软件集成等产业很难划分成上游、中游或下游产业。通信服务产业也有类似情况，其产业也很难做出上下游产业划界区分，而且将通信供应商作为上游产业，电信运营商作为下游产业，通信链条则不连通。对于物联网产业协作的秩序，我们现在给出结论为时尚早，需要在产业发展过程中不断认识。虽然我们目前还不能从本质上揭示这些规律，但却可以通过其表现的特征来逐步认识它，如在物联网产业协作中，物联网运行平台发挥着产业协作的关键功能，是产业运行的核心；产业中应用技术服务（如系统开发和软件集成）产业、通信服务产业难以形成上下游的划分。由此推知，物联网产业协作不是链条式的联系和秩序，而是网状形式。

3. 现代服务业特征。物联网技术的主要应用领域有三个方面，即生产性服务业领域、生活服务业领域、城市建设及公共事业管理领域，其现代服务业特征明显。现代服务业在本质上还是服务业，是第三产业，但形式上出现现代化变革。这种变革主要是两点：一是以现代科学技术特别是信息网络技术为主要支撑；二是商业模式、服务方式和管理方法出现全新的变革。这些恰好是物联网产业反映出来的现象：此外，还有两个现象，一是价值链在物联网产业链中具有主导性；二是属于服务业的平台服务产业是物联网的产业运行核心。这也表明物联网产业具有现代服务业特征。

浙江省物联网产业增加值统计见表 5 – 2。

表 5 – 2　　浙江省物联网产业增加值统计

产业大类	增加值（亿元）		占地区生产总值比重（%）		结构比例（%）	
	2008 年	2013 年	2008 年	2013 年	2008 年	2013 年
物联网制造业	265.95	515.12	1.24	1.37	35.33	32.73
物联网服务业	486.78	1 058.52	2.27	2.82	64.67	67.27
合计	752.73	1 573.64	3.51	4.19	100	100

4. “微笑曲线”特征。尽管物联网产业整体呈现出现代服务业特征，其产业中还是存在制造业企业的，主要是感知服务中的传感、识别等设备制造企业。感知器件、设备制造企业具有高技术企业特点，创造附加价值的能力较强，但与物联网其他产业相比却相对较弱。据有关浙江省物联网产业增加值测算研究资料介绍，浙江省物联网产业的产业增加值，按“物联网服务业”和“物联网制造业”进行了分类和统计，结果显示前者创造价值的能力更强一些，因此有人提出了物联网产业也存在“微笑曲线”的特征①。同时，与传统产业的产业协作相比，物联网产业这种“微笑曲线”的特征并非是本质性的特征，因为在产业中技术创新决定着价值产生和价值传递，

① 金诚、薛洁：“我国物联网产业增加值测算研究——以浙江省为例”，《生产力研究》，2018 年第 2 期。

各产业组成部分不是完全被动的，相反，在这样产业的协作中，全程协同的特征更加突出（见图 5－3）[①]。

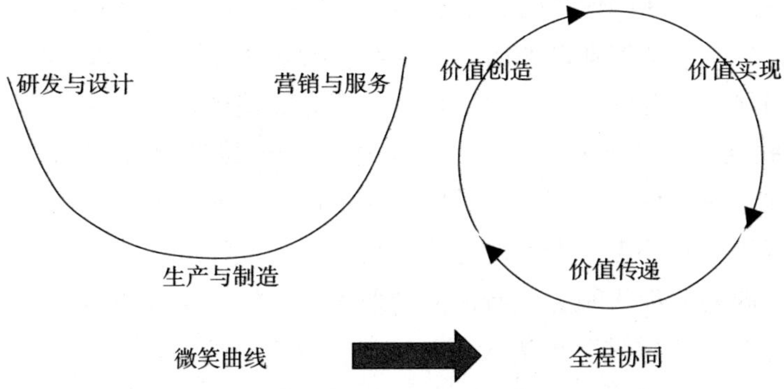

图 5－3　从微笑曲线到全程协同

（二）应当注意的产业协作客观要求

1. 应当摒弃重点抓龙头的思维。物联网产业的产业技术基础与产业运行核心不重叠，四个产业板块中很难明确哪一个是龙头产业（企业），如果希望通过抓龙头来抓住产业链的核心，事倍功半地发展物联网产业，就可能违背规律，事与愿违。

2. 完善产业链条重点在发展感知技术产业，完善服务功能重点在发展平台服务产业。尽管物联网产业的龙头不是十分清晰，但各产业板块的地位或者说产业功能是清晰的。其中，感知技术产业的产业技术基础地位与平台服务产业的产业运行核心地位是很清楚的。

3. 应当避免片面追求产业空间聚集的做法。产业空间聚集的最低要求是能够开展产业间的有效协作，包括技术、产品和市场三个方面的协作，不能降低产业链链接效率。物联网产业的产业协作关系呈现网状形式，分布式云计算及数据处理是其运行的重要形式，应用技术服务、通信服务的服务角

① 孙会峰："从微笑曲线到全程协同"，《装备制造》，2015 年第 8 期。

度也是多方位的。平台服务、应用技术服务、通信服务的产业发展如果一味追求空间聚集，就可能降低服务效率。

4. 应当注重行业组织的开放性。产业协作关系呈现网状形式，还给我们提出了一个要求，即产业联盟等自主自律性行业组织，其产业协作主动性调整机制应当建立在与网状产业协作特征相适应的基础上。

5. 抓物联网产业应着重考虑其服务功能。产业发展目标的确定，无非是要明确发展产业规模、发展产业功能，或二选一。前者的目标是谋求产业的产出，后者的目标是谋求产业的特殊作用，即当地经济和社会发展不可缺少的作用。物联网的现代服务业特征清楚地表明，物联网渗透力、影响力很强，对其他产业的“贡献”要远大于其产业自身产出的贡献。

6. 应当重视价值链的运行机制。产业发展的技术创新驱动性，价值链具有主导性，这就导致物联网产业也存在“微笑曲线”特征，但却是非本质特征，若能够实现价值创造、价值传递、价值实现的全程协同则是完善产业运行机制的本质要求。

三、产业发展目标的定位

产业发展目标的定位就是根据本地区经济发展目标，凭借自身具有的经济、科技、资源、交通市场等优势，考虑所处的经济发展水平以及各产业的运行特点，合理地进行产业规划和布局。

（一）产业发展目标

主导产业是一个产业经济学的概念。美国经济学家罗斯托（Walt Whitman Rostow）在其重要著作《经济成长阶段》中阐述，主导产业是指那些具有革新创造、利用优势资源、创造高的增长率并有很强带动作用的产业部门。对于主导产业的概念，也有不同的界定。例如：国民经济中生产发展速度较快并能带动一系列产业部门发展的部门；主导产业是指能够依靠科技进步或创新获得新的生产函数，能够通过快于其他产品的“不合比例增长”的作用有效地带动其他相关产业快速发展的产业或产业群；主导产业是指在产业结构中处于主体性的战略地位，并能对其他产业的发展起引导和支撑作用的产业。

总体上来讲，主导产业的特征是三点：第一，产业具有经济发展支柱性特征。这主要表现为两点：一是产出规模大，在整体产业结构中体现出主导作用；二是产业经济效益突出。第二，产业具有技术发展优势。它具有技术领先优势，技术进步潜力大；它具有核心技术优势，能带动整个产业体系的技术进步。第三，产业协作关系有机性强。这种关系具有内在的自我调整能力，能够保证运行机制顺畅。

主导产业的这三个特征是我们研究规划产业发展目标应当把握的分析要素。只有符合这些特征条件，才能科学合理地确定主导产业。当然，在这些特征中，人们往往重视经济发展支柱性特征，美国、英国、德国等国家关于主导产业演变情况（见表 5－3～表 5－5）也表明了这一特征的突出性。因此，也就不难理解为什么人们往往将主导产业视同为支柱产业。

表 5－3　　美国主导产业演变情况（1879～1975 年）

年份	主导产业（占全部产值比重%）		
1879	纺织工业（20.4）	食品工业（15.2）	木制品（10.9）
1929	机械工业（20.4）	金属制品（18.0）	纺织工业（13.7）
1950	运输机械（13.4）	石油化学（11.2）	
1960	石油化学（12.5）	运用机械（12.4）	通用机械（9.4）
1970	石油化学（14.2）	通用机械（11.9）	电气机械（10.6）
1975	通用机械（…）	运输机械（…）	石油化学（…）

表 5－4　　英国主导产业演变情况（1907～1970 年）

年份	主导产业（占全部产值比重%）		
1907	纺织工业（31.1）	食品工业（46.7）	
1929	纺织工业（25.4）	食品工业（22.5）	
1950	食品工业（12.0）	纺织工业（11.2）	车辆制造业（10.9）
1960	石油化学工业（20.9）	机械工业（14.0）	车辆制造业（10.9）
1970	机械工业（13.4）	食品工业（11.3）	电气仪表业（11.0）

表 5-5　　德国主导产业演变情况（1870～1974 年）

年份	主导产业（占全部产值比重%）		
1870	纺织工业（34.8）	食品工业（24.3）	
1929	食品工业（24.1）		
1950	机械工业（25.8）	石油化学工业（17.9）	
1965	机械制造（10.6）	化学工业（9.8）	钢铁工业（9.7）
1974	化学工业（12.0）	机械制造（11.2）	电气设备（10.2）

战略性新兴产业是从战略布局角度来规划产业发展方向的一种概念。2010 年国务院发布的《国务院关于加快培育和发展战略性新兴产业的决定（国发〔2010〕32 号）》指出，战略性新兴产业是引导未来经济社会发展的重要力量，发展战略性新兴产业已成为世界主要国家抢占新一轮经济和科技发展制高点的重大战略。战略性新兴产业的规划和布局是基于战略的考虑，从宏观来说，其战略意义是考虑国民经济及社会可持续、安全和高效益的发展，对于地方而言，其战略重点是考虑产业结构优化及高效益。

战略性新兴产业的四个特征

第一，产业发展的战略意义很大。这个战略意义体现在两个方面，其一是产业发展以重大技术突破为基础，它代表着未来产业技术的制高点；其二是产业发展与重大发展需求相适应，它代表着未来产业业态发展的制高点。

第二，产业发展具有先导性。新兴产业必定是新的产业，这种新是新的产品，是新的业态，是以技术创新为基础的，同时这种新应当是代表未来产业发展的方向，具有引领和导向的作用。

第三，产业发展具有较高的综合效益。产业发展表现出知识技术

> 密集、物质资源消耗少、成长潜力大、综合效益好，这也是其具有战略性、先导性的基础。
>
> 第四，产业的渗透性辐射影响性强。这不仅仅要求产业内具有高效产业协作机制，也表现为对其他产业具有较强渗透辐射力。历次产业革命中，蒸汽机、电力、工控机、计算机等体现出对传统产业很强的渗透辐射力。

战略性新兴产业和主导产业各自有其发展特征，也分别诠释着其发展目标的本质内容。战略性新兴性产业和主导产业在特征上是不同的，但也有相似相近的一面。主导产业与战略性新兴性产业的特征相比较，突出技术和技术创新，突出综合效益，这方面是相似相近的。最明显的不同有两点：一是功能特征不同，主导产业是造就经济的支柱产业，而战略性新兴产业是从战略考虑、布局考虑，目的是抢占制高点；二是影响力特征不同，主导产业对产业内通过产业链形成的影响强，而战略性新兴产业对其他产业有较强的渗透影响力。

（二）产业定位分析要素

按战略性新兴产业如何选向定位，反映出不同的发展思路。这就要保证产业发展客观情况与不同的选向目标所反映出来的本质特征相吻合，就应当深入分析总体经济发展目标的要求，分析发展优势、发展水平和分析产业特点。

1. 关于经济发展目标要求的分析。经济发展目标一般比较直接，但它所引申出来的要求却往往比较复杂，比如总量发展的要求、发展质量的要求，还有发展方式的要求。经济发展目标对产业的要求，一般应当分析某产业的发展能否适应这些要求，分析对产业升级的要求，对产业转型及产业转移的要求。分析的内容主要是四项要求：一是促进生产技术的升级和高端化发展；二是提高生产的社会化协作水平，生产服务商业化现代化；三是促进产业链条连接带动能力，完善产业自我调整的能力；四是促进资本资源转移，进行产业结构升级。

2. 关于发展优势的分析。发展优势的分析对象是资源，当然这个资源是广义的，即某产业各方面的发展条件所对应的资源，包括自然资源、科技资源、交通资源、市场资源、资金与资本的资源等。分析发展优势是要分析资源的比较优势，这种优势是产业的发展条件相对领先性的反映，是保证产业在未来发展中具有竞争优势，从而实现产业发展目标。通常，研究产业定位时重点分析自然资源优势和区位优势。自然资源优势是对原料开采、加工的规模和能力比较优势的判断，它对产业的供应链影响更强；区位优势是对科技资源、交通资源、市场资源的比较优势的综合判断，它对产业的技术链、价值链影响更强。

3. 关于发展水平的分析。分析发展水平的重点是分析产业技术基础和产业协作能力的发展水平。分析产业技术基础应注意相关产品、工艺的研发和制造能力，研发和制造能力都是发展主导产业、战略性新兴产业要具备的能力，战略性新兴产业对研发能力的要求更高。分析产业协作能力可以从产业链角度分析，分析链接的机制和效能，分析链条的长短。同时注意从两个空间来分析，一是本地区产业协作和配套，二是依循产业链在地区间的产业协作。

4. 关于产业特点的分析。这里的产业特点是指，某产业发展所反映出来的体现其自身本质特征的，在产业发展条件、产业发展需求方面的特殊性质。对于产业发展条件，有些产业对自然资源比较倚重，有的产业则更依赖区位资源。发展物联网的平台产业，拥有大数据地区中心、互联网骨干网直连节点无疑是最需要的资源。产业发展需求，应考虑所发展的产业对产业发展水平的要求，包括对研发、制造，以及产业协作能力的要求。发展物联网的应用技术服务产业，其特点与 IT 技术、信息系统开发等产业业务相近，这些产业发展较好的地区发展应用技术服务产业就比较有优势。

第三节 产业发展的规划

一、战略重点的确定

（一）关于产业定位

产业定位是根据自身产业发展的环境，即其发展的水平、优势、条件，研究和最终确定产业的结构、规模和技术水平，以进一步指导产业调整的发展目标及产业政策。产业转型升级战略的制定与一般产业政策不同，其核心是产业的调整，因此其重心在产业功能的规划上。产业转型升级战略中的产业定位，需要结合自身产业发展的情况，特别是在发展大环境下的比较优势、面临的挑战以及制约因素。

1. 考虑资源情况。确定产业定位，应当考虑自然资源的禀赋，考虑其可利用的总量，考虑其使用成本的高低；应当考虑人力资源，包括劳动力的总量、劳动力成本和劳动力素质。此外，还应重点考虑信息资源的影响，分析经济和社会信息服务水平，考虑科技资源的影响，分析科技创新、技术研发的基础及产业化能力；考虑资金资源的影响，分析资本流动性及使用成本等。

2. 考虑区位优势。区位优势既有自然资源禀赋的影响，也有历史发展积淀的影响，是营商环境中的重要影响因素。结合区位优势确定产业定位，关键在于把握生产力要素、信息、资金、交通等因素对改善营商环境的影响，分析其聚合、辐射能力和集散能力。

3. 考虑区域合作情况。一是区域内产业分工协作的格局，即产业分工和技术协作的现状、基础。这种格局形成虽然有自发性，但却是经济规律驱使而成，即使应当调整也不能轻率。二是世界产业发展趋势的影响，考虑分析全球范围产业调整可能形成的产业转移、资本流动、技术和业态变革的影响。

4. 考虑工业基础情况。工业基础是工业化发展水平的现状，在进行产业调整的情况下，它指支撑和推动工业发展的物质技术条件，集中体现为关键基础材料、核心基础零部件（元器件）、先进基础工艺和产业技术基础等，简称工业“四基”。产业定位，特别是产业技术转型要把握产业发展可能存在工业基础的制约因素。

5. 考虑城市功能规划情况。地区中心城市发展物流、信息服务、金融、会展等服务业和现代服务业；旅游城市发展旅游相关产业；制造业城市发展制造业相关产业。城市功能定位与产业调整是相辅相成的，没有相关产业，城市功能实现不了，城市功能不清晰，产业发展不易确定方向。

6. 考虑社会发展的要求。考虑社会发展的要求，应当重视产业发展与就业、社区及社会管理、城镇化发展及减小城乡差异等的相互影响，从源头减少工业化对社会发展的消极影响。

7. 考虑生态系统建设的要求。考虑生态系统建设的要求，应当重视产业发展可能带来对生态文明、资源枯竭、发展不可持续的问题等，保证产业方向是生态友好的、绿色和可持续发展的。

工业“四基”

《中国制造2025》中提出：工业基础是指支撑和推动工业发展的物质技术条件，集中体现为制约我国工业发展、受国外限制和具有前瞻性的关键基础材料、核心基础零部件（元器件）、先进基础工艺和产业技术基础等，简称工业“四基”。

产业定位，就是要明确具体产业功能上的分工，以及在这样分工下的产业结构和相应的发展目标。实现这一定位，还要考虑如何做，走哪条路，其中重要的是明确战略重点。战略重点包括实施战略的重点工作、重点发展的产业，即战略任务、战略产业。

（二）战略任务的考虑

战略任务具有两个特征，一个是影响力大，一个是影响范围大。战略任务具有关键影响，在解决问题进程中属于主要矛盾和关键影响因素。我们在制订工作方案时，要抓主要矛盾。下面是《中国制造 2025》“三、战略任务和重点”中提出的“加快制造业转型升级，全面提高发展质量和核心竞争力”战略任务，是我们规划战略重点时的对标点。

1. 提高国家制造业创新能力。重点任务包括：加强关键核心技术研发；提高创新设计能力；推进科技成果产业化；完善国家制造业创新体系；加强标准体系建设；强化知识产权运用。

2. 推进信息化与工业化深度融合。重点任务包括：研究制定智能制造发展战略；加快发展智能制造装备和产品；推进制造过程智能化；深化互联网在制造领域的应用；加强互联网基础设施建设。

3. 强化工业基础能力。重点任务包括：统筹推进“四基”发展；加强“四基”创新能力建设；推动整机企业和“四基”企业协同发展。

4. 加强质量品牌建设。重点任务包括：推广先进质量管理技术和方法；加快提升产品质量；完善质量监管体系；夯实质量发展基础；推进制造业品牌建设。

5. 全面推行绿色制造。重点任务包括：加快制造业绿色改造升级；推进资源高效循环利用；积极构建绿色制造体系。

6. 大力推动重点领域突破发展。重点产业领域有 10 个：新一代信息技术产业；高档数控机床和机器人；航空航天装备；海洋工程装备及高技术船舶；先进轨道交通装备；节能与新能源汽车；电力装备；农机装备；新材料；生物医药及高性能医疗器械。

7. 深入推进制造业结构调整。重点任务包括：持续推进企业技术改造；稳步化解产能过剩矛盾；促进大中小企业协调发展；优化制造业发展布局。

8. 积极发展服务型制造和生产性服务业。重点任务包括：推动发展服务型制造；加快生产性服务业发展；强化服务功能区和公共服务平台建设。

9. 提高制造业国际化发展水平。重点任务包括：提高利用外资与国际合作水平；提升跨国经营能力和国际竞争力；深化产业国际合作，加快企业走出去。

（三）战略产业的考虑

规划战略产业，一是考虑产业的产出贡献，分析产业的经济发展支柱性作用；二是考虑产业功能在产业体系中的贡献，如果在产业分工协作中必不可少，那么这个产业依然是具有战略性的产业。《中国制造 2025》中提出的“大力推动重点领域突破发展”明确了 10 个重点产业领域。

1. 新一代信息技术产业。重点发展集成电路及专用装备、信息通信设备、操作系统及工业软件。

2. 高档数控机床和机器人。重点发展高档数控机床、机器人。

3. 航空航天装备。重点发展航空装备、航天装备。

4. 海洋工程装备及高技术船舶。大力发展深海探测、资源开发利用、海上作业保障装备及其关键系统和专用设备；推动深海空间站、大型浮式结构物的开发和工程化；形成海洋工程装备综合试验、检测与鉴定能力，提高海洋开发利用水平；突破豪华邮轮设计建造技术，全面提升液化天然气船等高技术船舶国际竞争力，掌握重点配套设备集成化、智能化、模块化设计制造核心技术。

5. 先进轨道交通装备。加快新材料、新技术和新工艺的应用，重点突破体系化安全保障，节能环保，数字化、智能化、网络化技术，研制先进、可靠、适用的产品和轻量化、模块化、谱系化产品；研发新一代绿色智能、高速重载轨道交通装备系统，围绕系统全寿命周期，向用户提供整体解决方案，建立世界领先的现代轨道交通产业体系。

6. 节能与新能源汽车。继续支持电动汽车、燃料电池汽车发展，掌握汽车低碳化、信息化、智能化核心技术，提升动力电池、驱动电机、高效内燃机、先进变速器、轻量化材料、智能控制等核心技术的工程化和产业化能力，形成从关键零部件到整车的完整工业体系和创新体系，推动自主品牌节能与新能源汽车同国际先进水平接轨。

7. 电力装备。推动大型高效超净排放煤电机组产业化和示范应用，进一步提高超大容量水电机组、核电机组、重型燃气轮机制造水平；推进新能源和可再生能源装备、先进储能装置、智能电网用输变电及用户端设备发展；突破大功率电力电子器件、高温超导材料等关键元器件和材料的制造及应用技术，形成产业化能力。

8. 农机装备。重点发展粮、棉、油、糖等大宗粮食和战略性经济作物育、耕、种、管、收、运、贮等主要生产过程使用的先进农机装备，加快发展大型拖拉机及其复式作业机具、大型高效联合收割机等高端农业装备及关键核心零部件；提高农机装备信息收集、智能决策和精准作业能力，推进形成面向农业生产的信息化整体解决方案。

9. 新材料。以特种金属功能材料、高性能结构材料、功能性高分子材料、特种无机非金属材料和先进复合材料为发展重点，加快研发先进熔炼、凝固成型、气相沉积、型材加工、高效合成等新材料制备关键技术和装备，加强基础研究和体系建设，突破产业化制备瓶颈；积极发展军民共用特种新材料，加快技术双向转移转化，促进新材料产业军民融合发展；高度关注颠覆性新材料对传统材料的影响，做好超导材料、纳米材料、石墨烯、生物基材料等战略前沿材料提前布局和研制；加快基础材料升级换代。

10. 生物医药及高性能医疗器械。发展针对重大疾病的化学药、中药、生物技术药物新产品，重点包括新机制和新靶点化学药、抗体药物、抗体偶联药物、全新结构蛋白及多肽药物、新型疫苗、临床优势突出的创新中药及个性化治疗药物；提高医疗器械的创新能力和产业化水平，重点发展影像设备、医用机器人等高性能诊疗设备，全降解血管支架等高值医用耗材，可穿戴、远程诊疗等移动医疗产品；实现生物3D打印、诱导多能干细胞等新技术的突破和应用。

二、路径选择及规划

（一）战略目标实现方式

产业转型升级的路径，是一个惯常称谓，它指的是产业转型升级的战略目标实现方式。产业转型升级有哪些路径，如何选择，是制定产业转型升级战略的重要工作。

毫无疑问，路径选择的根本要求是走新型工业化道路。新型工业化道路与传统工业化的产业政策相比，明显的不同是战略目标存在差异，同时在实现目标的方式上也存在显著差异。回顾总结以往的传统工业化的产业政策，可以发现其发展路径表现出三个特征：产业发展类型体现为规模扩张型；产业生产的技术类型体现为产品制造型；产业分工协作类型体现为比较优势型。

扩张型产业的发展，体现为以规模扩张为主，即再生产过程的组织常常是简单扩大再生产，资本积累、投资收益不是依靠技术进步带来；产品制造型产业的发展，反映出技术创新变革较慢，体现创造力的新产品、新技术、新装备更新慢，产业发展处于被动跟随状态，产品的市场影响力弱；比较优势型产业的发展，反映出产业发展主要依赖具有比较优势的资源，这使产业生产在资源使用成本上具有一定优势，但却难以与立足于技术主导基础上的对手竞争。这样的产业发展方式显然不适应新型工业化的要求。

选择产业转型升级路径的思路，应当坚持促进产业发展类型从以规模扩张为主向以内涵提升为主转变；应当坚持促进生产技术类型由产品制造向技术创造转变；应当坚持促进产业分工协作类型由比较优势向竞争优势转变。

关于产业转型升级路径的选择应当考虑以下四个方面

1. 转型与升级的关系。产业转型升级的根本任务是要促进生产力的发展，生产方式的转型和产业结构的升级都具有促进生产力发展的积极作用。生产方式的转型能够改变产业的技术进步水平，提高产业的生产效率。产业结构的升级能够实现主体产业的产业级次跃升，因为高级次的产业常常具有比较高的行业收益率，所以升级能够促进社会财富产出增加。

转型体现的是技术进步，反映的是产业发展内在质量的提高，但是这种转型需要依靠技术创新的积累和突破，所以实现转型的周期较长。产业结构的升级不需要长周期，只需要资本向高级次产业转移就可以“立竿见影”，但是这种转移往往主观性较强，当大家都希望“立竿见影”时，这样的升级就更显随意。

转型与升级之间存在有机联系。转型带来的技术进步促进产业结构升级，比如先进技术促进农业劳动生产率提高，释放劳动力进一步促进第二、第三产业发展，形成结构升级；产业结构升级带动产业技术进步，第三产业中的信息技术产业发展快速也极大地促进了产业的融合和要素的流转效率。总之，要避免以产业结构升级代替产业转型的错误认识，准确把握产业结构关系，科学地选择产业转型升级路径。

2. 转型的方向选择。产业生产方式转型的基础是促进产业技术进步，而核心是提高竞争能力，这正是所谓“高端化”含义所在。也就是说，产业转型升级要拼技术，更重要的是拼竞争力。竞争力就是在产业分工协作体系的大环境下，我们的产业于其中的地位和影响力。这里有产业链、价值链、供应链，它构成了产业分工协作体系。如果在产业链中具有竞争力甚至是核心竞争力，那就具有了技术主导力；如果在产业价值链中具有核心竞争力，那就具有了定价主导力；如果在产业供应链中具有核心竞争力，那就具有了资源调配主导力。增强这样的能力，是“高端化”转型的核心要求。

当前，国际产业分工呈现出以“产品差别化分工”和“生产工序型分工”为主的新变化，产业分工更加细化，价值链增值环节明显增多。要实现“高端化”，就应当以争取价值链高端地位为核心，推进科技创新，提高自主创新能力，掌握核心关键技术，增强在产业链中的竞争能力；实施“强链”策略，促进拓展延伸产业链，增强在价值链中的竞争能力；发展新业态、新模式，争取供应链中的竞争优势。

3. 创新的途径。实施创新驱动发展战略，最根本的是要增强自主创新能力，最紧迫的是要破除体制机制障碍，最大限度地解放和激发科技作为第一生产力所蕴藏的巨大潜能。①

通常，创新可以选择的途径有三种，即自主研发、协同创新与技术引进，或者称为原始创新、集成创新和引进吸收。自主研发，研发支出短期内会形成一定的资金压力，科技研发成果商品化也要经历一定的周期，但自主研发对产业发展影响持久。一方面是自主研发不仅是技术研发，也储备了研发能力，积淀了不断进取的企业文化；另一方面是自主研发增强了企业在产业链、价值链中的影响力。相对于自主研发，技术引进则呈现出一定的对立特征，技术进步相对平稳，且效果“立显”，但长期技术进步代价较高。

这两种创新途径相比较优缺点互为反向，泾渭分明。对于要占据产业“高端”，希望在产业链条中发挥主导作用的目标，一定要选择自主研究法，无论代价多大；对于一般企业，特别是中小企业，选择技术引进则更为明智，这可以实现技术快速升级，同时又有效降低技术开发成果不确定性的风险。

此外，创新途径选择并非只能“2 选 1”，而是还有第三条道路，即协同创新。有研究表明，自主研发和技术引进之间存在互补关系，它可以融合各自的长处，消弭各自的缺点，特别是当技术进步处于追赶期，互补关系愈显强烈②。

有研究显示，将自主研发与技术引进相结合能够有效降低研发成本。如图 5 – 4 所示，当创新路径向自主创新偏离，或向技术引进偏离，研发成本（S）都会增高，而研发成本（S）的最低点则是出现在自主研发与技术引进相结合的最佳点上（见图 5 – 4）③。

4. 分阶段实施的策略。战略，特别是重大战略，需要较长周期的实施，

---

① 习近平：《习近平谈治国理政》，外文出版有限公司 2018 年版。

② 储德银、张同斌：“自主研发、技术引进与高新技术产业成长”，《科研管理》，2013 年第 11 期。

③ 唐国华：“企业家技术进步路径选择与经济增长”，《技术经济与管理研究》，2014 年第 1 期。

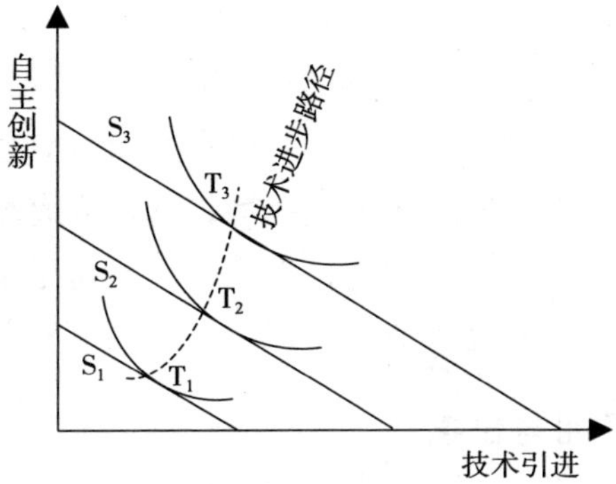

图 5－4 技术进步途径与成本

一般要分步实施和确定分阶段实施的策略或目标。对于战略总体目标而言，分阶段目标是实现总目标的手段，而对于分阶段目标，则也需要有相应的目标实现手段和方式。阶段目标的目标实现手段、方式常指产业调控方式，就是所谓的政府“有形之手”。尽管有形，但调控方式一般是以政策方式来实施调整，所以是间接的方式。

供给侧结构性改革

2015 年 12 月 18 日至 21 日，中央经济工作会议指出，引领经济发展新常态，要努力实现多方面工作重点转变。会议强调，推进供给侧结构性改革，是适应和引领经济发展新常态的重大创新，是适应国际金融危机发生后综合国力竞争新形势的主动选择，是适应我国经济发展新常态的必然要求。

供给侧结构性改革，就是从提高供给质量出发，用改革的办法推进结构调整，矫正要素配置扭曲，扩大有效供给，提高供给结构对需求变化的适应性和灵活性，提高全要素生产率，更好地满足广大人民群众的需要，促进经济社会持续健康发展。

2015 年 12 月，中央经济工作会议提出“三去一降一补”五大任务，即着力加强结构性改革，在适度扩大总需求的同时，去产能、去库存、去杠杆、降成本、补短板。这是提高供给体系质量和效率，提高投资有效性，加快培育新的发展动能，改造提升传统比较优势，增强持续增长动力，推动我国社会生产力水平整体改善的重要举措，也是一次主动而深刻的针对供给侧的结构性调整，即供给侧结构性改革。

（二）产业规划的作用与任务

产业转型升级战略确定目标后，就要研究确定相应的产业规划。

产业规划的主要作用体现为三个方面：第一，它是产业转型升级战略从确定目标到组织实施的必要环节，是战略目标实现的规划保障。第二，它为经济发展、城市建设、社会事业发展的计划和规划提供设计基础，产业与其所在环境存在相互作用力，规划的积极作用就是增强相互促进作用，消除相互影响。第三，它是研究制定产业政策的研究前提和决策基础。产业规划的确定，明确了政府倡导、鼓励的产业发展方向，这为财政、人力资源、社保、资源、土地研究制定相应的支持、帮助政策也明确了方向，提出了要求。产业规划的主要任务包括：一是明确产业发展或产业调整的方向。这包括产业功能的定位，产业规模目标确定，产业发展速度目标确定，产业协调发展的要求等。应当指出，做好规划一定要研究产业发展的内在质量的要求，并通过产业结构发展要求来明确相应要求，如新兴产业比例、支柱产业比例等基本要求。二是开展空间布局谋划。工业部门，特别是制造业是经济发展的基础，原因就是它的本质特征是其实体经济属性，实体经济发展一定是生产要素结合的过程，也必然需要一定的场地，这是与虚拟经济明显的区别之一。做好空间布局，核心的要求是促进产业分工协作，降低产业链运行成本，节约土地资源。三是进行措施谋划。要使产业规划目标实现，需要研究和制订规划、办法、措施。规划是路径指引的保证，办法和措施是落实政府支持、帮助的保证，也是对一些调整产业限制发展的可靠方式。这就是产业政策应当发挥的作用。

（三）产业规划的制定

产业转型升级战略，本质上仍是产业规划，或者说产业转型升级战略与一般的产业规划在内容上是相同的，只是产业转型升级战略的规划重点是在产业的调整上。这就是说，产业转型升级战略也需要在产业结构、产业组织、产业布局、产业政策四个方面进行研究、规划。

1. 产业结构。产业结构是一个宽泛的概念，它反映产业组成的内在联系状态，并且可以间接地反映生产力水平的判别特征。

常说的产业结构指的是产业的级次结构，是按产业顺序分类为一次产业、二次产业、三次产业，并在这一分类下反映产业间的内在联系状态。常说的产业升级也指的是产业在这样的结构中的级次提升。劳动密集型产业、资本密集型产业反映的产业结构是要素特征分类，这样分类下的产业间内在联系状态体现了要素特征的产业结构，后来又分化出技术密集型产业、知识密集型产业的分类。传统工业和新兴产业反映的是战略产业的分类。历史上我们还使用过轻工业、重工业的分类。

明确产业结构是制定产业转型升级战略的重要内容。明确产业结构要根据产业调整的目标来考虑，同时要注意产业间内在联系的有机性，保证产业协调、协同发展。在产业结构升级的问题上，一定要清醒地认识基础产业的支撑作用，不能轻率地追求升级。

明确产业结构一般是确定产业各组成部分的规模比例结构，这个结构应当是动态的和指向性的，不宜过细。

2. 产业组织。产业组织是产业分工协作下的生产活动、高效的营销活动、高效的要素流转活动的社会化组织过程。其中，生产活动的组织和要素流转活动的组织具有较强的政策导向作用，是战略规划的重点。

产业组织的规划，首要目的是尽快形成生产力，还要促进形成完整的产业链条，形成功能配套促进产业整体协调发展。因此，实施“集群化”战略，“培育龙头产业”战略，“补齐短板”战略等成为常态。

产业组织规划也要注意产业发展的协同性，既要注意生产组织的纵向点产业链形成配套，也要注意产品市场、要素市场横向协同的要求。这里的要求集中体现为应当重视和考虑生产性服务业的发展。

3. 产业布局。产业布局是产业发展在空间安排上的规划，对实现战略规划目标乃至产业转型升级总体战略目标具有重要影响。合理规划产业布局，可以保障产业组织规划目标的实现，促进产业分工协作，促进产业聚集；可以保障产业调整及产业结构规划目标的实现，为新兴战略性产业提供发展的空间保证；还可以促进产业的区域发展均衡性。合理的产业布局能够促进产业分工与协作，促进形成产业发展的区位优势。

产业空间布局工作，一是应当考虑产业的布点，在区域范围内考虑产业功能区、产业群、产业园区的定向安排；二是应当考虑产业功能区内按产业组织要求安排产业项目；三是应当考虑生产服务、社区服务、市政设施及服务等配套功能项目的安排。

合理的产业布局，需要注意重视静态布局，规划产业的空间站位，也要注意动态发展，考虑和安排一定的预留空间，保证持续发展，以避免出现发展空间制约的现象；重视产业发展战略与城市发展功能定位，以及城镇化发展战略的协调，以避免出现城市盲目扩张，浪费土地资源的现象。

4. 产业政策。产业政策是政府对经济进行管理活动中，以规范性文件发布，反映政府的经济管理要求的规划、办法、措施等。它有三个作用：一是指向；二是支持和帮助；三是限制。

所谓指向，即向社会、资本市场、产业界明确指出政府倡导的产业方向，产业发展目标，简单说就是指出政府鼓励支持的产业发展方向及不鼓励的方向，这是规划类政策文件基本的政策内容。所谓支持和帮助，是政府给予的对鼓励的产业方向的相关企业、行业资金困难的财政支持和解决其他困难的帮扶。所谓限制，就是对限制发展或结构性调整中某些产品、行业发展的限制措施。限制措施有时表现为政府进行明令禁止，有时表现为对生产、营销、流通条件进行限制。

产业政策要达到这些政策作用，就必须能够“昭示天下”，一般以规范性文件来发布。产业政策的文件形式主要有产业规划（包括产业目录、产业发展目标、产业布局等）、政策措施（如财政、人力资源、社保、资源、土地等管理办法、实施意见等）、负面清单（如淘汰落后生产能力、工艺和产品的目录）。产业政策对于经济行政对象而言，有不同部门的规定，让人眼花缭乱，从而弱化了政策的指向作用。因此，通过出台“白皮书”的做法来解决这样的问题，效果是比较积极的。

第六章
物联网产业的产业政策与产业实践

物联网发展了近 20 年，应当说取得了很大发展，这其中物联网产业发展成效尤为显著。这个历程中积累了不少值得借鉴的经验。

第一节　物联网产业的发展、政策与实践

一、产业发展态势

（一）产业规模持续高速增长

据《信息通信行业发展规划物联网分册（2016 ~ 2020 年）》分析，我国物联网产业在整个“十二五”期间年均复合增长率达到 25%，我国机器到机器连接数突破 1 亿台，成为全球最大的市场，占全球总量的 31%。“十三五”期间，随着万物互联时代开启，我国物联网产业规模也将保持高速发展势头，“十三五”期末产业规模将会超过万亿元。全球范围内，一方

面，物联网产业发展被普遍看好，各大咨询机构普遍预测全球物联网产业规模将有爆发性增长。Gartner 预测 2020 年全球联网设备数量将达 260 亿个，物联网市场规模超过 1.9 万亿美元，IDC 也给出 1.7 万亿美元规模的预测。另一方面，当前我国物联网企业更多集中在感知层和传输层，随着物联网在各领域融合应用不断深化，产业重心将向软件和数据服务方向转移。从全球物联网产业总体发展趋势来看，我国物联网产业规模在未来几年有广阔的增长空间，《物联网分册》提出“十三五”末期产业规模将突破 1.5 万亿元。

（二）四大产业集聚区初步形成

“十二五”期间，我国推进新型工业化产业示范基地（物联网领域）建设的成效初步显现，无锡、重庆、杭州、福州成为全国物联网发展领先城市。从全国物联网产业空间分布来看，已初步形成分别以北京—天津、上海—无锡、深圳—广州、重庆—成都为核心的环渤海、长三角、珠三角、西部地区等四大区域集聚发展的产业空间格局。各产业集聚区相互独立、各有特色，汇聚一批具有全国影响力的龙头企业，产业链逐渐完善，研发机构和公共服务等配套体系基本完备。长三角地区作为我国经济发展龙头，在芯片、传感器等物联网产业的基础环节具有较强产业积淀。无锡截至 2015 年底列入统计的物联网企业达 1 171 家，营业收入突破 1 688 亿元，增幅连续三年超过 30%。珠三角地区拥有远望谷、先施科技等一批物联网龙头企业，物联网产业规模领先全国。2014 年，广东省物联网产业规模已达 2 400 亿元，物联网相关企业达 3 100 家。重庆市作为我国中西部地区物联网产业发展的主要代表，在软件、传感器、信息服务等领域发展迅猛，截至 2016 年，列入统计的物联网企业达到 195 家，产业规模超过千亿元。

（三）互联网和传统行业巨头成为新兴力量

我国已经初步形成包括芯片、元器件、设备、软件、系统集成、运营、应用服务在内的较为完整的物联网产业链，各环节涌现出一批具有较强实力的物联网领军企业，包括新大陆、远望谷、银江股份等。

我国互联网领域和传统行业领域巨头瞄准物联网蕴藏的巨大产业价值，快速切入并不断加大投入，成为驱动产业增长的新兴力量。阿里巴巴、腾讯、百度等互联网企业大力发展物联网平台服务，并与传统行业领军企业展开合作，多种手段进军物联网市场。当前，阿里智能已有100多个生活品类达到智能化，成为全球储量最大的智能硬件平台；百度天工专注工业物联网，在工业、能源、物流等行业领域形成一批解决方案；腾讯物联云平台已吸引5 000个合作伙伴加入平台实验，推动消费和工业领域智能产品和解决方案研发。除了互联网企业，大量传统行业巨头以并购重组等方式，在资本市场布局物联网产业。

楚天高速收购物联网终端应用企业三木智能，实达集团收购物联网平台企业中科融通。据报道，我国A股已有84家公司切入物联网领域，市值超过1.37万亿元。

二、产业竞争局面

（一）国外对促进产业发展的策略

对物联网的发展，国外很多国家和地区十分重视。美国在对过度追求虚拟经济发展冷静思考后，奥巴马政府非常重视物联网的战略地位，将“智慧的地球”当成重振经济的法宝，甚至上升为美国的国家战略。2008年，在国家情报委员会（NIC）发表的《2025对美国利益潜在影响的突破性技术》报告中，将物联网列为六大突破性技术之一。与此同时，以思科、德州仪器（TI）、英特尔、高通、IBM、微软等企业为代表的产业界也在强化核心技术，纷纷加大投入用于物联网软硬件技术的研发及产业化。物联网已经开始在军事、工业、农业、环境监测、建筑、医疗、空间和海洋探索等领域投入应用。

2009年6月，欧盟委员会正式提出了《欧盟物联网行动计划》。欧盟在2010年提出的《欧洲数字计划》已经将物联网作为重要平台之一，该计划提出的100项主要行动中有许多都要靠物联网来落实。同年9月发布的《欧盟物联网战略研究路线图》，提出欧盟到 2010 年、2015 年、2020 年三个阶段物联网研发路线图，并提出物联网在航空航天、汽车、医药、能源等主要应用领域，以及识别、数据处理、物联网架构等方面需要突破的关键技术领域。

此外，日本提出所谓的“泛在网”（u—Japan）战略，明确了 4u 理念（Ubiquitous，Universal，User - oriented，Unique ，即无处不在，万物互联，用户导向，及前所未有），实现所有人与人、物与物、人与物之间的联系。2015 年，日本发布中长期信息技术发展战略《i - Japan 战略 2015》，其目标是“实现以国民为中心的数字安心、活力社会”。i - Japan 战略描述了 2015 年日本的数字化社会蓝图，阐述了实现数字化社会的战略。该战略旨在通过打造数字化社会，参与解决全球性的重大问题，提升国家的竞争力，确保日本在全球的领先地位。

韩国制定了 u - Korea 战略，大力推动信息技术与信息服务的发展。2014 年 5 月，韩国出版《物联网基本规划》。在规划中，韩国政府提出成为“超联数字革命领先国家”的战略远景，计划提升相关软件、设备、零件、传感器等技术竞争力，并培育一批能主导服务及产品创新的中小及中坚企业，同时通过物联网产品及服务的开发，打造安全、活跃的物联网发展平台，并推进政府内部及官民合作，力争使韩国在物联网服务开发及运用领域成为全球领先的国家。

（二）全球物联网产业生态竞争拉开序幕

据《物联网白皮书（2016 年）》统计，截至 2016 年 6 月，全球知名物联网平台数量已超过 360 个，约 70% 的平台于 2013 年之后新增，平台的营收规模在未来 5 年预计将以 33% 的增速持续增长。AT&T、IBM、诺基亚等企业近期发起成立物联网网络安全联盟，以应对物联网安全挑战。总体来看，巨头企业围绕产业链展开兼并整合成为当前物联网产业发展的明显特征，为全球物联网产业生态竞争拉开序幕。

以强化规模优势、完善产业链为主要产业整合目标，大量产业整合与并购出现在物联网产业领域。耐威科技收购全球领先的 MEMS 芯片制造商赛莱克斯，并与中科院微电子所合作建设传感器产业园，设立 100 亿元传感器产业基金；北京君正并购图像传感器公司豪威（OV）；英飞凌宣布收购荷兰 MEMS 设计公司 Innoluce，以此补充其为自动驾驶技术传感器市场的领先优势；日本软银以 43% 的溢价收购英国半导体巨头 ARM。

（三）国内相关行业领军企业积极布局

在全球物联网产业生态构建和竞争的总体形势下，我国四大相关行业互联网、电信运营、通信设备制造、IT 行业企业中的领军企业纷纷入局，着手打造产业生态。

互联网企业作为我国整个信息产业发展的亮点和龙头，依靠电商、社交、搜索等平台化服务积累大量用户规模，并具有突出的技术研发和创新能力，围绕硬件连接和数据分析布局操作系统和云平台，成为我国物联网产业生态构建的重要力量。以阿里巴巴为例，阿里智能云平台、MiCO 操作系统、YunOS 操作系统成为其构建产业生态的核心，目前已与超过 40 家硬件厂商合作，打通智能家居、可穿戴设备和智能网联汽车等多个终端领域。我国电信运营将 NB - IoT 作为抢占未来物联网市场的重大机遇，全力推进规模组网，并围绕平台全力拓展行业领域应用。以中国电信为例，截至 2017 年 4 月已建设超过 15 万个 NB - IoT 基站，并提出将围绕平台为终端制造商、应用开发厂商提供完整开发环境，深耕 9 大应用领域和 3 000 个大客户。我国通信设备商在全球范围内具有较强竞争力，也积极展开物联网产业生态布局。华为提出“1 + 2 + 1”的物联网战略布局，推出 OceanConnect 平台、LiteOS 等实现平台、操作系统、芯片等物联网关键环节布局，与制造、能源、交通等领域企业展开广泛合作，共同打造开放的物联网产业生态。在装备制造、家电制造等传统行业领域，三一重工、海尔等领军企业相继推出根云、“U +”等云平台，一方面与互联网企业等积极展开合作，一方面向行业内合作伙伴开放自身资源和能力，着力打造工业物联网产业生态。

三、国家物联网产业政策梳理

自2010年以来，为推进我国物联网健康有序发展，在产业战略规划、技术标准研究、资金和重点项目等方面，国家相继出台了多项政策和激励措施，在宏观上加以政策指导、规范和支持。梳理政策，理解顶层设计目标要求是调研工作的重要内容。表6-1是国家物联网产业相关政策梳理情况。

表6-1　国家物联网产业相关政策要点一览

发布机关	发布日期	文件名称	政策要点
国务院	2010年10月	《国务院关于加快培育和发展战略性新兴产业的决定》	《决定》将物联网作为新一代信息技术的重要一项，为国家首批加快培育的七个战略性新兴产业，标志着物联网被列入国家发展战略
财政部	2011年4月	《物联网发展专项资金管理暂行办法》	根据《办法》，专项资金由中央财政预算安排，用于支持物联网研发、应用和服务等方面。专项资金的使用应突出支持企业自主创新，体现以企业为主体、市场为导向、产学研用相结合的技术创新战略，鼓励和支持企业以产业联盟组织形式开展物联网研发及应用活动
工信部	2011年5月	《中国物联网白皮书（2011）》	《白皮书》重点对物联网的概念和内涵进行了澄清和界定，系统梳理了物联网架构、关键要素、技术体系、产业体系、资源体系等，并从应用、产业、技术和标准化角度，阐述了全球和中国物联网发展状况
工信部	2012年2月	《“十二五”物联网发展规划》	《规划》指出，至2011年，我国物联网发展与全球同处于起步阶段，初步具备了一定的技术、产业和应用基础，呈现出良好的发展态势。《规划》提出的发展目标是：到2015年，我国要在核心技术研发与产业化、关键标准研究与制定、产业链条建立与完善、重大应用示范与推广等方面取得显著成效，初步形成创新驱动、应用牵引、协同发展、安全可控的物联网发展格局

续表

发布机关	发布日期	文件名称	政策要点
工信部	2012年8月	《无锡国家传感网创新示范区发展规划纲要（2012～2020年）》	根据《纲要》，我国将加大对示范区内物联网产业的财政支持力度，加强税收政策扶持，同时推进物联网企业通过资本市场直接融资。到2020年，无锡示范区的创新能力、产业规模、从业人员数量和影响力大幅提升，实现一大批自主创新成果产业化，成为具有一流创新能力的技术创新核心区；集聚和培育一批国内领先的物联网企业，成为具有国际竞争力的产业发展集聚区；建成一批具有重大推广价值的典型应用示范工程，成为具有较强影响力的应用示范先导区
国务院	2013年2月	《国务院关于推进物联网有序健康发展的指导意见》	《意见》重点关注物联网安全领域。《意见》提出，到2015年，要实现物联网在经济社会重要领域的规模示范应用，突破一批核心技术，培育一批创新型中小企业，打造较完善的物联网产业链，初步形成满足物联网规模应用和产业化需求的标准体系，并建立健全物联网安全测评、风险评估、安全防范、应急处置等机制。《意见》提出了九个方面的主要任务
国务院	2013年3月	《国家重大科技基础设施建设中长期规划（2012～2030年）》	《规划》指出，三网融合、云计算和物联网发展对现有互联网的可扩展性、安全性、移动性、能耗和服务质量都提出了巨大挑战，基于TCP/IP协议的互联网，依靠增加带宽和渐进式改进已经无法满足未来发展的需求。为突破未来网络基础理论和支撑新一代互联网实验，建设未来网络试验设施，主要包括原创性网络设备系统、资源监控管理系统，涵盖云计算服务、物联网应用等开放式网络试验系统

续表

发布机关	发布日期	文件名称	政策要点
国家发改委	2013 年 5 月	“国家物联网标识管理公共服务平台”	该项目由中国科学院计算机网络信息中心牵头，联合工业和信息化部电子科学技术情报研究所、工业和信息化部电信研究院、中国物品编码中心三家参与单位，基于域名系统建立物联网标识统一管理和公共服务平台
国家标准委	2013 年 6 月	《物联网第一部分：标准化工作指南》	为推进物联网标准化工作，加快建立我国物联网标准体系，国家标准委向公安部、国家林业局、全国信息技术标准化技术委员会、全国智能运输系统标准化技术委员会、全国物品编码标准化技术委员会下达了物联网等 47 项国家标准计划
国家发改委、工信部、科技部、教育部、国家标准委	2013 年 9 月	《物联网发展专项行动计划（2013～2015 年）》	《计划》提出，到 2015 年，充分发挥物联网发展部际联席会议制度作用，健全完善物联网统筹协调工作机制，初步实现部门、行业、区域、军地之间的物联网发展相互协调，以及物联网应用推广、技术研发、标准制定、产业链构建、基础设施建设、信息安全保障、频谱资源分配等相互协调发展的局面，基本形成各环节协调发展、协同推进、相互支撑的发展效应。计划包含了顶层设计、标准制定、技术研发、应用推广、产业支撑、商业模式、安全保障、政府扶持、法律法规、人才培养 10 个专项行动计划
交通运输部	2013 年 9 月	《关于改进提升交通运输服务的若干指导意见》	《意见》提出，加快推进 ETC 基础设施和服务网络建设，建立全国 ETC 清分结算中心，用五年左右时间基本实现全国 ETC 联网
国家发改委	2013 年 10 月	《关于组织开展 2014～2016 年国家物联网重大应用示范工程区域试点工作的通知》	《通知》指出，支持各地结合经济社会发展实际需求，在工业、农业、节能环保、商贸流通、交通能源、公共安全、社会事业、城市管理、安全生产等领域，组织实施一批示范效果突出、产业带动性强、区域特色明显、推广潜力大的物联网重大应用示范工程区域试点项目，推动物联网产业有序健康发展

续表

发布机关	发布日期	文件名称	政策要点
工信部	2014年5月	《工业和信息化部2014年物联网工作要点》	《通知》指出，2014年物联网工作重点为：加强顶层设计和统筹协调、突破核心关键技术、开展重点领域应用示范、促进产业协调发展、推进安全保障体系建设、营造良好发展环境。其中，在推进安全保障体系建设上，提出要推进物联网关键安全技术研发与产业化，加强物联网安全标准制订与实施工作，建立健全物联网信息安全相关制度、标准、规范，完成预警与态势通报机制、信息共享与分析机制建立与基础环境建设
发改委、工信部、科技部、公安部、财政部、国土部、住建部、交通部	2014年8月	《关于促进智慧城市健康发展的指导意见》	《意见》提出，到2020年，建成一批特色鲜明的智慧城市，聚集和辐射带动作用大幅增强，综合竞争优势明显提高，在保障和改善民生服务、创新社会管理、维护网络安全等方面取得显著成效。《意见》强调，要加强顶层设计，各地城市人民政府要从城市发展的战略全局出发研究制定智慧城市建设方案。建成的智慧城市将实现“五化”：公共服务便捷化、城市管理精细化、生活环境宜居化、基础设施智能化、网络安全长效化
国务院	2015年5月	《中国制造2025》	文件提出，要加快推动新一代信息技术与制造技术融合发展，把智能制造作为两化深度融合的主攻方向；着力发展智能装备和智能产品，推进生产过程智能化，培育新型生产方式，全面提升企业研发、生产、管理和服务的智能化水平
国务院	2015年7月	《关于积极推进“互联网+”行动的指导意见》	《意见》提出，到2025年，网络化、智能化、服务化、协同化的“互联网+”产业生态体系基本完善，“互联网+”新经济形态初步形成，“互联网+”成为经济社会创新发展的重要驱动力量。《意见》围绕转型升级任务迫切、融合创新特点明显、人民群众最关心的领域，提出了11个“互联网+”领域的具体行动计划

续表

发布机关	发布日期	文件名称	政策要点
工信部	2015年12月	《工业和信息化部关于贯彻落实〈国务院关于积极推进"互联网+"行动的指导意见〉的行动计划（2015~2018年）》	《计划》提出，要出台《车联网发展创新行动计划（2015—2020年）》，推动车联网技术研发、标准制定，组织开展车联网试点、基于5G技术的车联网示范；制定《智能硬件创新发展行动计划》，推动智能穿戴、服务机器人等新型智能硬件产品研发和产业化。《计划》还提出，到2018年，建成一批重点行业智能工厂，培育200个智能制造试点示范项目，初步实现工业互联网在重点行业的示范应用；宽带、融合、泛在、安全的下一代国家信息基础设施基本建成，全面提升对"互联网+"的支撑能力
两会授权发布	2016年3月	《中华人民共和国国民经济和社会发展第十三个五年规划纲要》	《"十三五"规划纲要》明确提出"推进物联网感知设施规划布局，发展物联网开环应用"，将致力于加强通用协议和标准的研究，推动物联网不同行业不同领域应用间的互联互通、资源共享和应用协同，总结形成一批综合集成应用解决方案，促进传统产业转型升级，提高信息消费和民生服务能力，提升城市和社会管理水平。《纲要》还明确提出，"加强现代信息基础设施建设，推进大数据和物联网发展，建设智慧城市"
国务院	2016年5月	《关于深化制造业与互联网融合发展的指导意见》	《意见》提出的主要任务包括：打造制造企业互联网"双创"平台；推动互联网企业构建制造业"双创"服务体系；支持制造企业与互联网企业跨界融合；培育制造业与互联网融合新模式；强化融合发展基础支撑；提升融合发展系统解决方案能力；提高工业信息系统安全水平
中共中央办公厅、国务院办公厅	2016年7月	《国家信息化发展战略纲要》	《纲要》指出，积极争取并巩固新一代移动通信、下一代互联网等领域全球领先地位，着力构筑移动互联网、云计算、大数据、物联网等领域比较优势。在移动通信、下一代互联网、下一代广播电视网、云计算、大数据、物联网、智能制造、智慧城市、网络安全等关键技术和重要领域，积极参与国际标准制定

续表

发布机关	发布日期	文件名称	政策要点
工信部	2016 年 10 月	《信息化和工业化融合发展规划(2016～2020 年)》	《规划》提出到 2020 年的细化发展目标：基于互联网的制造业“双创”体系不断完善、新型生产模式在重点行业广泛普及、基于互联网的服务业态成为新的增长点、智能装备和产品自主创新能力大幅提升、支撑融合发展的基础设施体系基本建立
工信部、国家标准委	2016 年 11 月	《智慧家庭综合标准化体系建设指南》	《指南》指出，智慧家庭综合标准化体系建设的目标是：到 2020 年，初步建立符合我国智慧家庭产业发展需要的标准体系，形成基础标准较为完善、主要产品和服务标准基本覆盖、标准技术水平持续提升、标准应用范围不断扩大，与国际先进标准水平保持同步发展的良好局面。若干重点标准在智慧家庭产业集聚区得到推广应用，取得较好的应用示范效果，形成一批可复制、可推广的经验
国务院	2016 年 11 月	《“十三五”国家战略性新兴产业发展规划》	《规划》提出，实施网络强国战略，加快建设“数字中国”，推动物联网、云计算和人工智能等技术向各行业全面融合渗透，构建万物互联、融合创新、智能协同、安全可控的新一代信息技术产业体系。到 2020 年，力争在新一代信息技术产业薄弱环节实现系统性突破，总产值规模超过 12 万亿元。要加强物联网网络架构研究，组织开展物联网重大应用示范。加强云计算、物联网、工业互联网、智能硬件等领域操作系统研发和应用。加强物联网在多领域的深度融合应用
国务院	2016 年 12 月	《“十三五”国家信息化规划》	《规划》在发展目标中提出，到 2018 年，云计算和物联网原始创新能力显著增强，到 2020 年，形成具有国际竞争力的云计算和物联网产业体系。积极推进物联网发展，推进物联网感知设施规划布局，发展物联网开环应用。实施物联网重大应用示范工程，推进物联网应用区域试点，建立城市级物联网接入管理与数据汇聚平台，深化物联网在城市基础设施、生产经营等环节中的应用

续表

发布机关	发布日期	文件名称	政策要点
工信部	2016 年 12 月	《信息通信行业发展规划物联网分册（2016～2020 年）》	《规划》提出，到 2020 年，具有国际竞争力的物联网产业体系基本形成，包含感知制造、网络传输、智能信息服务在内的总体产业规模突破 1.5 万亿元人民币，智能信息服务的比重大幅提升。推进物联网感知设施规划布局，公众网络 M2M 连接数突破 17 亿个。物联网技术研发水平和创新能力显著提高，适应产业发展的标准体系初步形成，物联网规模应用不断拓展，泛在安全的物联网体系基本成型
交通运输部	2017 年 1 月	《推进智慧交通发展行动计划（2017～2020 年）》	《计划》提出，要有效提升交通运输数字化、网络化、智能化水平，加快智慧交通建设，提升基础能力，加强集成应用。到 2020 年，在基础设施智能化、运输服务智能化、决策监管智能化方面均有大幅提升
工信部	2017 年 6 月	《全面推进移动物联网（NBIoT）建设发展的通知》	《通知》明确，加强 NB－IoT 标准与技术研究，打造完整产业体系推广；NB－IoT 在细分领域的应用，逐步形成规模应用体系优化；NB－IoT 应用政策环境，创造良好可持续发展条件三大方面的共计 14 条举措，全面推进 NB－IoT 建设发展。到 2020 年，建设 150 万个 NB－IoT 基站、发展超过 6 亿个的 NB－IoT 连接总数

四、国内发展物联网产业做法和经验

（一）无锡的做法和经验

无锡是我国推进新型工业化产业示范基地（物联网领域），是物联网产业发展较快地区，其促进产业发展的政策、措施都值得我们借鉴。

强化技术标准体系的研究和建立，掌握技术发展主导权。《无锡市物联网产业发展规划纲要（2010～2015 年）》显示，产业发展目标突出技术水平目标，重点促进智能传感器、物联网大数据处理与智能信息管理、行业应用软件等方面的关键技术的技术标准研究，在支持推出关键技术标准的政策上，也目标明确，政策清晰。

搭建技术研发推广和应用服务平台，优化技术开发协作机制。政府主导整合科技创新服务机构功能，重点建设全球领先的物联网创新技术和公共测试的服务平台，积极引进和培育物联网产业链和产业领域中的中介机构，发挥各级各类物联网（传感网）产业联盟的作用，搭建合作平台，促进物联网技术创新、产业发展和应用推广。这不仅提高了研发成果的产出，也形成了对科技资源的吸引，目前无锡物联网重点研发机构已达 40 家，国家级研发机构也纷纷开始设立机构。

积极培育物联网领军企业，促进引领带动产业发展。一是加强政策指导；二是提高企业服务水平；三是切实落实鼓励政策。“十二五”期间，物联网骨干企业规模快速增长，全市各类上市物联网企业近 40 家，上市后备企业超过 100 家，在物联网细分领域涌现出一批掌握核心技术、市场份额较大、保持较高增速的领军型企业，如无锡远景能源成为全球最大的智慧能源资产管理服务公司，感知集团创新发展物联网金融模式，2015 年物联网核心业务收入近 20 亿元，中科物联已在无锡孵化 34 家企业，其中 3 家上了“新三板”。当前江苏省应加大力度实施行业领军企业培育计划，重点选择和支持若干具有核心关键技术、市场优势和发展前景的物联网优秀企业，通过重大项目实施、资本并购重组、品牌价值塑造等方式给予大力扶持，促进企业规模上层次、筑优势，加快形成领军型骨干企业，从而引领和带动物联网核心产业快速发展。

积极“搭建舞台”造势，扩大产业影响。政府在产业造势、扩大影响方面采用了效果显著的举措，即举办物联网博览会。自 2009 年起，无锡每年举办一届中国国际物联网博览会，2016 年 10 月“提档升级”，正式更名为世界物联网博览会，成为国内首个国家级、规模最大的世界物联网行业博览会。主体包括物联网应用和产品展览展示、世界物联网无锡峰会、智能制造与工业互联网高峰论坛，以及相关技术、人才、研究成果等信息交流，还包括大学生物联网设计竞赛等，形成了丰富的交流、交易成果，也极大地扩大了产业影响力。

（二）南京的做法和经验

以产业发展目标作为产业规划的重点，政策目标明确，效果明显。《南京市物联网产业发展规划纲要》明确：以“中国软件名城”为主要载体，重点发展物联网专业操作系统、数据库软件、应用软件及物联网系统集成；以“无线谷”为载体，拉长和做强无线通信产业链，形成支撑物联网产业发展的无线通信产品集群；做强本土龙头企业，强化融资方式创新等。目标明确，提高了产业发展指引能力，截至目前，包括以华为、中兴、步步高等为龙头的通信及智能终端产业集群已经形成。

针对产业关键技术研发产出低的问题，强化产学研合作。一是对南京市物联网联盟加强指导，促成联盟吸收南京的大学及科研机构，增加产学研的联系；二是促进加速科技成果转移转化和科技资源开放共享，全市116家科技公共服务平台、26家开放实验室、62家院士工作站、45家战略性新兴产业创新中心、6家产业协同创新基地等创新服务平台，为全市各类创客的创业创新活动提供技术服务支撑。

设立研究院，引领行业发展。2010年12月2日，由政府支持，物联网领域龙头企业国睿集团联合南京模范路科技创新园区、南大苏富特、江苏联通、江苏巨能投资、南京邮电大学、南京泰通科技等股东单位共同创立研究院。研究院以集成创新，科技驱动，应用牵引，集聚发展为企业发展理念，运用产学研企的发展模式，集中股东单位优势力量，加快突破核心关键技术，面向重点行业应用，协同开展重大技术攻关和应用集成创新，形成更多具有自主知识产权的产品和技术品牌，研究院发展取得较好成果。

加强指导，促进行业组织发挥积极作用。据了解，南京市物联网产业联盟接受政府委托组建了南京物联网示范体验馆，联合承接国内重大物联网示范工程，产业协作及成果示范效果较好。

（三）北京的做法和经验

产业规划注重产业的协调性，同时也明确产业重点。《北京市发展物联网产业实施方案》中明确产业发展目标是形成产业链和产业群，同时也将物联网平台建设、物联网关键技术作为发展重点。在措施上，一是积极联系行业组织扩大产业政策的影响，形成积极的产业发展和投资指引；二是推出示范工程“感知北京”，加快推广；三是推动支持物联网关键技术合作研发，促进重大成果转化为生产力；四是积极谋划空间布局，力求产业集聚。

重视发挥行业网组织的作用。由近 200 家企业单位组成的中关村物联网产业联盟，涵盖了物联网产业链重要核心单位，形成了产、学、研、用开放式的合作机制。通过搭建关键技术及公共服务平台，推动物联网技术、产业链和市场应用的协同发展；通过协调企业间合作关系、企业与政府间的关系、产业与市场的关系，更好地服务会员，协同创新；在配合政府部门产业调研与政策研究、组织实施重大项目的基础之上，承接政府部门的产业促进服务任务；协调与相关联盟、协会、机构的关系，实现协同创新和跨界创新的目的。其突出特点是联系密切，合作平台化，该联盟组建的中关村物联网产业公共服务平台、中关村物联网产业创新中心促进了产业协作的有序、高效，产业协作效果十分明显。

开展产业门类分类研究和确定，为提高产业政策效能奠定了基础。产业分类是十分重要的工作，它是明确产业目录，以及确定和实现产业政策目标的前提。北京市经信委在系统梳理当时阶段物联网产业链、相关产品和服务的基础上，重点参考北京市经信委和中关村物联网产业联盟联合制定的《北京市物联网产品分类参考目录》，制定了一套物联网产业统计分类标准。该分类标准，甄别与物联网产业关联度较高的大类包括 C 门类制造业和 I 门类信息传输、软件和信息技术服务业，F 门类批发和零售业，M 门类科学研究和技术服务业，L 门类租赁和商务服务业，进一步将物联网产业划分为传感感知、信息传输、信息处理等 5 个大类和 17 个中类，进一步关联《国民经济行业分类》中的61个小类（见表6－2）。

表6－2　　北京市物联网产业统计分类标准

大类	中类	小类	对应《国民经济行业分类》行业代码	
物联网制造业	感知层制造业	传观器制造	3962	半导体分立器件制造
		射频识别（RFID）制造	3962	半导体分立器件制造
		条码识别设备制造	3474	复印和胶印设备制造
		多媒体采集设备制造	395	视听设备制造
		地理信息设备制造	4023	导航、气象及海洋专用仪器制造
		物联网通用仪器制造	401	通用仪器仪表制造
		物联网专用仪器制造	402	专用仪器仪表制造
		其他智能终端制造	3919	其他计算机制造
	网络层制造业	通信模块制造	3922	通信终端设备制造
		网络连接和安全防护设备制造	3919	其他计算机制造
		通信系统设备制造	3921	通信系统制造
	支撑层制造业	物联网芯片制造	3963	集成电路制造
		物联网通用电子器件制造	396	电子器件制造
		物联网通用电子元件制造	397	电子元件制造
物联网服务业	网络层服务业	电信传输服务	631	电信服务
		广播传输服务	632	广播电视传输服务
		卫星传输服务	633	卫星传输服务
		互联网接入及相关服务	641	互联网接入及相关服务
	支撑层服务业	操作系统和中间件开发	651	软件开发
		互联网平台	6540	数据处理和存储服务
		芯片设计	655	集成电路设计
	应用层服务业	应用软件开发	651	软件开发
		解决方案及系统集成服务	6520	信息系统集成服务
		位置信息服务	6591	数字内容服务
		物联网营运服务	6490	其他互联网服务
		物联网增值服务	6420	互联网信息服务

续表

大类	中类	小类	对应《国民经济行业分类》行业代码	
物联网服务业	其他相关服务业	物联网安全服务	6599	其他未列明信息技术服务业
		物联网科技研发服务	732	工程技术研究和试验发展
		物联网科技中介服务	752	科技中介服务
		物联网技术推广服务	751	技术推广服务
		物联网检验检测服务	745	质检技术服务
		物联网咨询服务	6530	信息技术咨询服务
		物联网知识产权服务	7250	知识产权服务
		物联网相关产品批发	517	机械设备、五金产品及电子产品批发
		物联网相关产品零售	527	家用电器及电子产品专属零售
		物联网相关设备租赁	7114	计算机及通信设备租赁
		物联网相关设备维修	802	计算机和办公设备维修
		物联网产业金融服务	674	资本投资服务
		物联网相关社会团体	942	社会团体

（四）其他做法和经验

近年来，福州市物联网产业也取得了较快发展，不仅克服了产业发展的人才短板问题，还由于人才供应及储备形成新的投资吸引力，占据了产业竞争的战略高地。一是在相关产业政策中将人才培养作为一项重要的政策内容，而且政策措施适当配套。二是探索实行了校企合作实训人才培养模式，如福州大学与新大陆科技集团合作办学协议；闽江学院与汇川物联网公司合作共建物联网创新联合研究院；福州机电工程职业技术学校与新大陆教育公司共建的物联网工程实验室；福州理工学院与国脉科技和慧翰微电子公司合作建设移动通信和物联网应用技术工程中心等。

长沙市发展物联网产业的突出做法是以部分领域应用取得实效，示范带动产业发展。他们先提出了重点示范项目，如中联重科、三一重工、山河智能、长沙卷烟厂等企业的无人过程控制项目，吉首矮寨特大桥建设和管理中职能监控，株洲“数字城管”、长沙河西先导区“智慧梅溪湖”“智慧岳阳”等项目，然后对其进行评估验收，以示范性经验再组织下一批示范项目，效果明显。

第二节　促进物联网产业发展的调研案例

从2017年7月起，以本书作者为主组成的调研组，就促进地方物联网产业发展开展了调研，调研工作于2018年2月结束，并形成了调研报告。调研报告包括四个方面的内容：联网及其产业的发展、调研情况的分析、××市物联网产业的发展及面临的问题、促进物联网产业发展的对策思考及建议。报告内容，特别是相关建议内容得到积极响应，当地政府经信委还汇总了本地物联网产业发展的信息资料，进一步研究完善有关产业发展对策。

本节以上述调研活动内容为案例，列示重要内容以供借鉴。其中，“案例背景及调研报告”主要介绍调研报告，作为研究和咨政的参考；“产业实践情况”主要介绍地方政府经信部门关于××市物联网产业发展趋势分析的报告，作为产业实践的参考。

一、案例背景及调研报告

作为我国重要的装备制造业基地，一个十分重要的使命就是保持产业生产力水平的先进性，形成工业母机对整个国民经济的技术先进性的传导与保证。改革开放，特别是振兴东北等老工业基地的多年实践，装备制造业在产业技术升级，特别是适应商品经济运行要求的机制体制改革方面，已取得明显进步。装备制造业，乃至其他工业的技术进步一定是工业化与信息化深度融合下的综合性技术进步，这就需要物联网技术及产业的发展。除此之外，物联网产业发展对发展新兴产业，促进电子商务发展，促进现代服务业发展都具有明显的积极意义。

2017 年 4 月于北京召开的第五届中国物联网大会上，有一个具有共识的看法：物联网尚处“婴儿期”，即物联网目前尚处于起步阶段，在技术、商业模式、行业准入等方面仍面临重大挑战。也就是说，物联网尚不成熟，不成熟更主要的反映为认识模糊，它所需要的技术、商业模式是什么，发展物联网产业从哪里入手、怎样加力。就初步研究的情况来看，其发展不成熟的主要原因是对物联网产业结构体系的认识尚不够清晰、系统；产业发展的切入点难以把握；对物联网的需求尚未显性化，市场主体的发展动力不强；核心技术和高端产品研发能力不足，信息安全隐患犹存。

如何发展物联网产业？这就需要破解关键性问题。

1. 建立有效的组织协调工作机制。各级政府明确了对物联网产业政策、行业协调、行业监管及统计的责任部门。以 × × 市为例，各主要城区都各自规划、实施自己的物联网产业，建设物联网产业园，装备制造业重要龙头企业也多是依据自身需要建设物联网。这就需要根据产业结构体系内在要求和物联网产业与其他产业的关系，来明确管理部门的分工、职责、协调工作及方法。

2. 使产业政策清晰化。2013 年 × × 市政府出台了《 × × 市国家级信息化和工业化融合试验区实施方案》，强调了以提升自主创新能力、重大装备成套能力、基础配套能力及生产性服务业支撑能力为重点，加快装备制造业转型升级。然而，对于物联网产业发展，应当寻求重点领域的突破，以产生示范、带动作用，从而激活全局。这个重点应当是有基础，技术相对成熟的，并对于社会事业发展、产业转型升级有重大推动作用的物联网应用领域。

3. 完善加强产业协作机制。完善加强产业协作机制是不是应当重点依靠所谓的产业联盟，产业联盟的作用是什么，这些问题不能解决就不利于产业协作。“物联网产业联盟”属松散联盟，具有协会性质，行业发展策划、技术标准及协议尚不能有效组织开展；联盟 38 家成员单位集中在物联网技术及其技术服务领域，没有物联网应用和管理单位，不利于商业化物联网应用与物联网运营模式的形成；联盟成员过于集中于软件及系统开发，芯片及集成电路生产、识别及传感技术参加单位只有2家，不利于基础技术研发。

此外，物联网产业与其他产业的协调发展以及产业发展所需专门人才的保障也会影响甚至制约物联网产业的发展，也需要加以研究。

基于这些认识和考虑，成立关于发展物联网产业的调研组，并开始了调查研究工作。

下附《关于促进××市物联网产业发展的调研报告（简报告）》。

关于促进××市物联网产业发展的调研报告（简报告）

关于××市发展物联网产业的调研的基本目的，是调查研究××市发展物联网产业发展基础及存在的问题，考察借鉴外地经验，研究××市物联网产业发展对策。

明确了调研题目后，为保证调研工作的效率和质量，制订了调研计划。调研计划经过调研组研究审议形成，调研组由7人组成并共同参与调研工作。

经过调查研究，形成“关于促进××市物联网产业发展的调研报告”（主报告）。报告共分五个部分，共31 700字。

一、物联网及其产业的发展

（一）物联网应用领域及运行模式

2015年底，我国物联网产业规模已达7 500亿元，整个“十二五”期间年均复合增长率达到25%。我国机器到机器连接数突破1亿台，成为全球最大市场，占全球总量的31%。“十三五”期间，随着万物互联时代开启，我国物联网产业规模也将保持高速发展势头，预计2017年产业规模将达到万亿级。

物联网运行，必须具有四项功能，即传感技术服务、应用技术服务、通信服务、物联网平台运营服务。这种功能分类特征也是物联网的产业门类划分参考依据，比如，后面我们将物联网产业基本层分为四个板块，即感知技术板块产业，应用开发板块产业，通信服务板块产业和运营服务板块产业（见图1）。

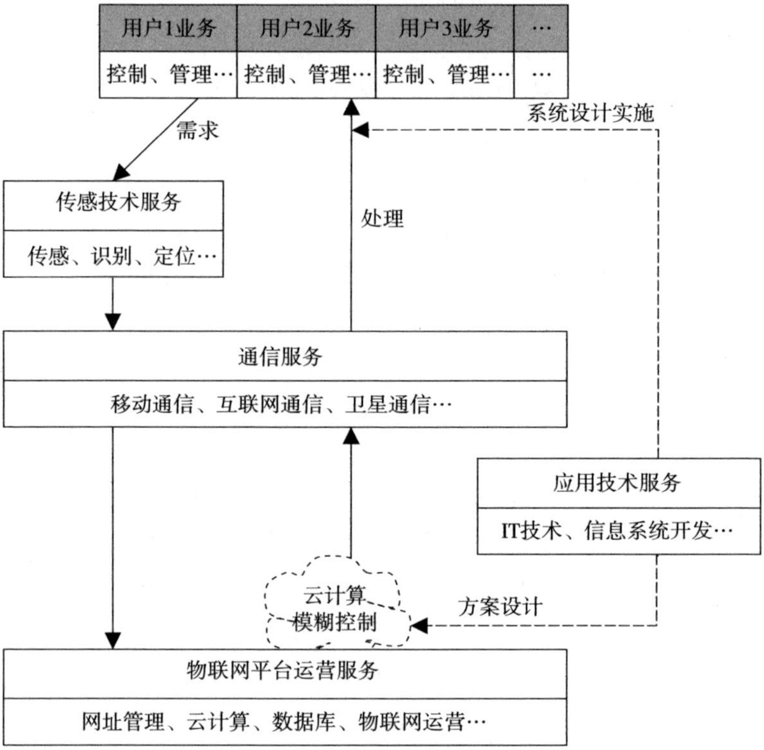

图1　物联网运行模式

（二）物联网产业的发展

对物联网的发展，国外很多国家和地区十分重视。美国物联网已经开始在军事、工业、农业、环境监测、建筑、医疗、空间和海洋探索等领域投入应用。欧盟、日本、韩国等都在积极推进物联网服务开发及运用。

近年来，全国各地纷纷出台物联网产业政策，武汉、无锡等超过20个城市设立物联网产业园区。目前，国内四大有影响的产业集聚区初步形成，长三角、珠三角、环渤海和中西部物联网产业聚集、产业协作、技术研发及配套服务功能发展势头良好。物联网平台技术快速发展，国际、国内行业领军企业纷纷开展产业布局，物联网平台开发规模高速增长。同时，物联网产业规模也持续高速增长，近期会超过万亿元。

二、调研情况的分析

（一）国家物联网产业政策梳理（略）

（二）国内其他地区发展物联网产业做法和经验

1. 无锡的做法和经验。强化技术标准体系的研究和建立，掌握技术发展主导权；搭建技术研发推广和应用服务平台，优化技术开发协作机制；积极培育物联网领军企业，促进引领带动产业发展；积极“搭建舞台”造势，扩大产业影响。

2. 南京的做法和经验。以产业发展目标作为产业规划的重点，政策目标明确，效果明显；针对产业关键技术研发产出低的问题，强化产学研合作；设立研究院，引领行业发展；加强指导，促进行业组织发挥积极作用。

3. 北京的做法和经验。产业规划注重产业的协调性，同时也明确产业重点；重视发挥行业网组织的作用；开展产业门类分类研究和确定，为提高产业政策效能奠定基础。

4. 其他地区的做法和经验。福州市加强人才培养，占据了竞争的战略高地；长沙市先提出重点示范项目，以示范性经验再组织下一批示范项目。

（三）物联网产业的企业动向

1. 产业规模持续高速增长，四大产业集聚区初步形成。2015 年底，我国物联网产业规模已达 7 500 亿元，整个“十二五”期间年均复合增长率达到 25%。我国机器到机器连接数突破 1 亿台，成为全球最大市场，占全球总量的 31%。

2. 互联网行业巨头看好物联网产业发展，纷纷展开资本布局。阿里巴巴、腾讯、百度等互联网企业大力发展物联网平台服务，并与传统行业领军企业展开合作，大量传统行业巨头以并购重组等方式，在资本市场布局物联网产业。

3. 物联网产业四大板块产业布局序幕开启，国际竞争局面出现。阿里巴巴、中国电信、三一重工、海尔、AT&T、IBM、诺基亚等行业巨头企业布局操作系统和云平台，成为我国物联网产业生态构建的重要力量。

三、××市物联网产业的发展及面临的问题

（一）××市发展物联网产业的意义

第一，能够为××经济发展提供新的发展动力。第二，能够促进××的产业结构的调整和转型升级。其作用集中体现为两点：一是促进技术换代升级；二是促进产品结构的优化升级。第三，是促进装备制造业基地产业升级的重要手段。这个升级必然是以物联网发展为实现基础。第四，能够促进××产业的协调发展。

（二）××市发展物联网产业的基础与优势

××市政府对促进物联网发展发挥积极作用；××市物联网产业发展有良好的起步；××市发展物联网产业具有很好的关键技术研发基础；××市综合资源优势明显。

（三）物联网产业发展面临的问题

随着调研深入，我们注意到××市发展物联网产业存在一定问题，同时赴外地调研发现也存在一些共性问题，这些问题包括：

第一，技术更新快而产业尚处于发展初期，产业内在联系尚不清晰，存在技术短板。物联网运行平台的运行模式百花齐放，服务机制尚不清晰。传感器等基础环节依然薄弱，安全系统技术标准、其他技术标准等标准体系滞后产业发展的需要。

第二，产业聚合力不强。领军型企业较少，产业发展的碎片化问题比较突出，物联网产业规模难以进一步做大。

第三，产业协作机制有待完善和加强。

第四，专业人才供给存在隐患。调研中发现专业人才供给存在专业不对口，结构性供给不足的问题，并且较为普遍。

第五，企业的技术研发动力不强。

四、促进物联网产业发展的对策思考及建议

（一）促进物联网产业发展工作的重点目标

应当考虑的工作思路：密切联系国家物联网相关产业规划，借鉴有益经验，从完善政策和完善策略措施两个方向发力；以确定目标、指明方向、增强引力为重点工作目标完善政策；以造势、领航、聚合、聚力为重点工作目标完善策略措施。

确定目标。确定目标的根本目的是破解产业发展重点、产业功能不清晰，进而影响企业发展指引、投资指引的问题。

指明方向。指明方向的根本目的是破解产业政策的产业对象模糊，进而影响企业发展指引、投资指引的问题。

增强引力。增强引力的根本目的是破解物联网产业投资吸引力不强的问题。

造势。造势的根本目的是破解物联网技术市场需求不旺的问题。

领航。领航的根本目的是抢抓机遇，战略布局。

聚合。聚合的根本目的是破解物联网产业协作能力不强的问题。

聚力。聚力的根本目的是提高招商工作效果。

（二）促进××市物联网产业发展工作的思考

1. 关于物联网产业发展目标。产业规划应当重点规划产业的功能目标；运营服务板块产业重点发展物联网平台运营中心；应用开发板块产业以配套信息系统及运行方案设计开发能力（区域）领先、服务能力（本地配套）目标为主；感知技术板块产业基本目标是传感技术研发和本地配套能力的发展，形成某些优势核心技术的领军企业及专业化协作的产业群。

2. 确定产业目录增强产业指引作用。积极研究确定产业目录，并将其补充进入相关政策文件；结合建立“物联网研究院”的建议，考虑赋予其研究完善产业目录及产业统计工作。

3. 建设“智能制造物联网平台”“智慧健康网运行平台”，为产业发展造势。建设这两个平台不仅可以促进未来产业协调发展，还能发挥示范作用，并进一步激发潜在需求。因此应当研究推动建设“智能制造物联网平台”“智慧健康网运行平台”的方案，补充进入《智慧产业发展规划》的“发展路线图”。

4. 设立"××市物联网技术应用研究院"。设立"××物联网研究院"具有重要意义：一是长远考虑，战略布局；二是扩大影响，带动产业。应当保证形成有利的运营机制。第一，市场化运营，坚持现代企业制度，明确企业基本职能；第二，有选择地吸收重要股东，以利于优化治理运营机制；第三，接受政府委托，协助政府开展行业领导、产业协作。

5. 改进招商工作提高工作有效性。加强重点目标企业跟踪工作，提高项目引进落实效率。为增强项目引进的针对性，结合建立"××物联网研究院"的建议，可委托开展行业内企业发展实力评估和排名，并向有关部门提供重点跟踪企业信息。

6. 完善物联网产业联盟机制。完善机制的目标是活动有序化，交流常态化，协作平台化。应当结合建立物联网研究院的建议，由物联网研究院来协助政府管理组织联盟活动和主导开展政府鼓励支持的联盟活动。这样的对策考虑原因有两个，一是物联网研究院是企业，与联盟成员有天然联系，由其承担联盟"盟主"容易理顺关系，也十分方便地发挥承上启下的作用，将政府产业政策目标落实为企业行动；二是"物联网研究院"具有国有性质，安排其主导开展政府鼓励支持的联盟活动，在政策支持上容易落实，比如，考虑由研究院主导构建产业协作网系统的平台，可以投资方式实施，简单易行。

7. 加强专业人才培养工作。重点加强物联网产业需要的专业人才培养培训，以此加快形成人才供给相对优势，进而增强投资的吸引力。一是研究各产业技术人才、综合人才培养和供给目标；二是研究并确定调动人才培养积极性的政策措施。

（三）关于促进××市物联网产业发展的建议

1. 研究完善物联网产业发展目标。应当明确，考虑在全市经济发展中定位的基础上，物联网产业分产业（或板块）的基本功能（即技术领域、技术水平及产业影响力或影响范围）；应当明确四个板块产业重点发展目标（如板块内某些细分产业）和重点项目（如物联网平台、研发项目等）。

2. 研究确定产业目录，形成产业发展指引配套。组织经信、计划、统计等政府部门，借鉴参考外地经验，吸收产业界人士及专业人士建议及意见，参考“粗线条，以四个板块作为基本分类方向”的思路确定产业目录，以求利于产业发展指引和招商工作的展开。

3. 将“智能制造物联网平台”“智慧健康网运行平台”补充纳入相关产业规划中的“发展路线图”。研究旨在结合我市实际，以具有区域或全国性影响力的物联网平台为目标，并以《智慧产业发展规划》项目实现形式，明确重点推进方案，包括重大行动和依托主体的重点跟踪企业。

4. 设立物联网技术应用研究院。研究设立物联网研究院的必要性；应当考虑赋予“物联网研究院”技术、标准及产业研究、组织交流及会展、接受政府委托协调及指导行业组织或产业联盟等三项职能；为促进形成有利的治理运营机制，应当考虑吸收其他投资。

5. 加强重点目标企业跟踪工作，提高项目引进落实效率。结合经过完善的产业目录，并结合调研报告中列示的重点跟踪企业信息，制订和实施项目引进落实的依托主体目标跟踪计划，同时应积极考察吸收本地企业列入计划；为增强项目引进的针对性，在设立“物联网研究院”的情况下，考虑委托其协助招商的作用。

6. 完善物联网产业联盟机制。完善机制的目标是活动有序化、交流常态化、协作平台化。在设立物联网研究院的情况下，应当由其组织开展联盟活动，这样能增强活动组织效率；应当保证活动有目的性、有计划性，商业信息、技术信息交流和发布应当提高频率；应当考虑物联网研究院在完善物联网产业联盟机制中发挥的作用。

7. 将加强人才培养工作作为“增强引力”手段，力争形成投资竞争优势。完善《智慧产业发展规划》中“技术能力提升工程”，重点是补充完善专业人才培/养目标和措施；结合经过完善的产业目录，研究确定各产业技术人才、综合人才培养和供给目标；明确鼓励人才培养支持办法。

二、产业实践情况

调研组通过调研提出了调研报告，并提出了发展物联网产业的建议，为共同研究物联网产业发展问题，地方政府经信部门提供了“关于××市物联网产业发展趋势分析的报告”，反映了物联网产业实践、政策和规划等情况。

下附《关于××市物联网产业发展趋势分析的报告》。

市经济和信息化委关于××市物联网产业发展趋势分析的报告

一、产业发展现状及形势

物联网是战略性新兴产业中新一代信息技术的高度集成和综合运用，具有渗透性强、带动作用大、综合效益好的特点。大力发展物联网产业，对加快形成××市新一代信息信息技术千亿元产业链，促进产业转型升级，转变经济发展方式具有重要推动作用。

（一）产业发展现状

2017年，全市电子信息产业预计完成收入1 089.8亿元（产业最终数据将由工信部在5月中旬对外发布）。其中，软件和信息技术服务业预计完成软件业务收入903亿元，同比增长6.1%，占全省软件业务收入的40%；电子产品制造业预计完成产值186.8亿元，同比增长3.6%。

（二）发展优势

1. 软件研发及创新能力较强。目前，全市累计培育东软集团、荣科科技等24家主板、创业板及中小板上市软件企业；2017年东软集团、易讯科技、荣科科技、美行科技等6家企业入选“国家重点规划布局内软件企业”，而在2010~2016年的6年间累计入选企业才5家；××国际软件园作为××市软件产业集聚的重要载体，2017年荣获了“中国最具活力软件园”称号和“中国软件和信息服务业最具品牌影响力的产业园区”殊荣。目前已入驻企业819家。其中，世界500强企业43家，中国软件百强企业20家，上市公司及子公司83家。驻园员工总数近3万人。东软集团、新松机器获得国家信息系统集成及服务大型一级企业证书（信息系统集成及服务资质中最高等级）；东软集团被评为“2017年中国软件百强企业”，连续4年入选“全球软件百强企业”。省华盾“省电梯物联网应急处置服务平台”

的软件及物联网硬件设备均为自主研发，并拥有完整自主知识产权。该平台在全省范围内接入电梯13.6万部，安装物联网报警设备4.6万部。2017年全省共完成3 831次救援任务，平均救援时间比国家规定时间（30分钟）缩短30%以上。平台曾获得“省十佳实事工程”。

2. 电子产品制造业初具规模。××仪表研究院建设了国内唯一的“传感器国家工程研究中心”，装备技术水平达到世界先进水平。东软医疗新产品研发收效明显，完成256层CT样机整机装配，并进行电磁兼容测试。完成16通道1.5T超导磁共振成像系统整机电磁兼容检测，进入临床验证阶段。在“2016中国财经峰会”上，东软医疗捧得“杰出品牌形象”大奖；新松机器人打破国外垄断，推出了运动精度高、范围大、承载能力强的六轴并联机器人，入选2017全球最具影响力的50家机器人公司；××远大智能高科机器人有限公司推出了具有自主知识产权的智能感知工业机器人产品，填补了国内多项空白；××芯源批量销往中国台湾的12寸设备全部验收，“02”重大专项产业化成果显著，高端封装专用涂胶显影设备和LED涂胶显影设备国内市场占有率超过50%；××富创新增美国应用材料公司海关安全、知识产权及焊接P2-1三项审核认证，累计通过认证46项，成为国内通过美国应用材料公司认证最多的供应商，排名亚洲前两位；帝信通信的软交换调度机产品通过“国网电力科学研究院实验验证中心”的测试，允许进入电力通信网使用，是东北地区唯一通过测试的电力通信产品。

3. 物联网应用领域较广

（1）智能交通。以省天久和××聚德公司为代表，发展物联网技术在交通收费、各类型车辆的远距离自动识别和管理应用；网络化视频监控、优化主干线路红绿灯变换周期技术、远程实时控制系统、车辆追踪、车辆锁定系统等。

（2）工业应用。以××机床、新松机器人和北方重工等企业为代表，发展的机床i5系统、iSesol云平台、新松工业机器人、移动机器人、重大设备工况远程智能监控系统等，在智能制造、智能管理及售后设备监控方面有很好的实践应用。

(3) 电梯运行监控。以省华盾安全技术股份有限公司为代表，大力发展电梯监控系统，尤其是远程电梯运行数据采集、储存、分析、传送、预警等过程控制和信息处理技术。该公司的“我省电梯物联网应急处置服务平台”的软件及物联网硬件设备均自主研发，并拥有完整自主知识产权。该平台在全省范围内接入电梯13.6万部，安装物联网报警设备4.6万部。

(4) 智慧医疗。以东软集团、荣科科技和××中科微电子为代表，发展远程智慧医疗诊断、救护系统、数字医疗、健康远程监护系统和血液库存监控、过程监控，包括血液的采集、检测、加工、使用、追踪和预测，实现全过程跟踪管理。

(5) 电子标签。以××友联电子装备有限公司为代表，大力推进电子标签产业的发展，包括图书标签、RFID标签芯片、RFID标签天线、标准卡或RFID标签成品（标签卡或RFID标签形式）、特殊标签、RFID读写器芯片、RFID读写模块（超高频、高频、低频及各种标准协议）、RFID读写器、NFC技术与产品、手机移动支付产品与网络及芯片。以及物联网RFID技术在大型会议、高层会议以及重要会议的电子证件、大型赛事、演唱会、景区等人员快递流通区的电子门票应用等。

(6) 传感器。以××仪表科学研究院、中科博微等企业为代表，重点发展压力、温度、流量传感器；装备制造业传感器；汽车传感器；航空传感器；冶金、石油、煤矿、建材传感器以及敏感元件、敏感材料、传感器传输网络接口等产业。发展物联网系统集成与中间件、组网通信技术、智能终端、芯片设计、技术与应用标准。

(7) 无线通信设备。以××奥维通信股份有限公司、××亨通光通信公司为代表，主要发展新一代无线通信设备及终端产品、数字集群通信产品和光通信设备及产品，包括无源微波射频产品、无线通信网络覆盖系统、光纤光缆等。为通信运营商开发生产GSM/CDMA/PHS/ WCDMA/ TD－SCDMA /CDMA2000同频、移频直放站，光纤传输直放站，基站放大器，干线放大器，无源微波器件，天线，专业软件及网管监控等产品。专业提供室内信号分布系统、室外直放站系统、小区深度覆盖系统、基站延伸放大系统、智能载波调度系统等全面解决方案。

（三）发展劣势

1. 缺乏促进产业发展顶层规划。在宏观政策上，尚未制定相应的物联网发展专项规划，产业发展目标和方向有待进一步明确。相比之下，江苏、浙江、广东和山东等省早在国家工业和信息化部于2011年11月制定并颁布了《物联网“十二五”发展规划》后，就已经出台了相应的地方物联网发展纲要，也有效地促进了物联网应用在这些省份的快速发展。

2. 产业基础研究相对薄弱。在技术标准、传感器及芯片技术、低功耗、泛在联网等物联网传输技术、信息安全、中间件等缺乏相应的引领企业，产业发展整体仍处于应用层次偏低和向规模化探索的初期，技术成熟度不足造成的应用成本居高不下普遍存在，仍须以重大应用示范为先导，带动物联网关键技术突破和产业化发展，降低成本以促进应用规模化推广，形成规模化应用。现阶段多数物联网应用仍是在特定领域的闭环应用，行业壁垒和信息孤岛依然存在，跨领域跨行业的互通共享与应用协同明显不足，成为制约应用发展的重要因素。

3. 缺少促进产业发展专项政策及资金。物联网产业链相对较长，企业前期研究需要大量投入，特别涉及智能硬件终端的开发，从设计、原型、试样、验证、定型到生产需要较长的周期，如果缺乏政府的政策扶持和示范应用的拉动，在短期内很难凸显其规模效益，企业更难做大做强。目前，我市没有新一代信息技术产业的扶持资金和政策，企业驻留本地发展意愿不强，产业招商没有政策环境支撑，难以实现产业发展新增量。

4. 技术人才培养方面亟待加强。我市整体技术人才仍处于外流状态，在产业链部分环节缺乏研究和引领型人才，整体上在国内外行业领域高端人才的引进方面还相对落后。

二、意见和建议

针对以上问题和我市经济发展的现状，为确保在新一轮经济发展中抢占制高点，促进我市向东北乃至全国物联网产业中心的发展，现提出以下建议和对策。

（一）规划产业顶层设计，明确重点发展方向

尽快制定我市物联网产业专项发展规划，引导我市物联网与我市装备制造业深度融合，推动物联网在装备制造业领域开展应用。通过建设××“工业云”，全面推动物联网在工业互联网建设中的集成、应用和创新，总结形成一批综合集成应用解决方案，促进传统装备制造业产业转型升级，提高新一代信息技术服务实体经济，服务装备制造业的水平和能力。

（二）成立发展联盟，促进资源共享

以东软、新松、中科院沈自所和省华盾等企业联合东大、沈大、中科院等科研院所，组建集产学研于一体的物联网产业发展联盟，立足我市现有的技术优势，充分发挥政府协调、决策、指导作用，加强“产、学、研、用”结合，充分发挥企业、大专院校、科研院所在创新中的优势和主体作用，建立××市物联网产业发展研究中心。加强对引进技术的消化、吸收和再创新，加强感知、网络传输及智能分析处理，系统集成关键软硬件研发，努力突破一批关键核心技术，提升知识产权拥有水平，形成从研发、生产到应用的创新体系，抢占物联网产业发展的制高点。同时，把相对分散的产业资源聚集在一起，面向国内外物联网相关产业领域，搭建交流、合作、创新发展的开放平台，构筑一条政企、校企之间的桥梁和纽带，促进成员间的资源共享、优势互补、互利互惠，推动产业链整合、产业协同及市场共拓，打造立足全省、面向全国的物联网产业中心，推进我市物联网产业可持续发展。

（三）加强政策资金引导，加大招商引资力度

制定出台促进产业发展的相关政策，设立政府产业专项资金，从支持研发向支持研发和提供市场并重转变，从支持供给向支持供给与增加需求并重转变，强化对物联网示范应用项目的支持。

（四）支持创新人才引进，加大扶持力度，营造发展氛围

加强对高层次人才和团队的扶持，依托重大人才专项，对经认定的物联网领军人才和产业化高端人才给予相应的支持。

三、下一步重点工作

（一）完善产业政策体系，引导产业转型升级

目前，我委为贯彻落实市委、市政府新一代信息技术千亿产业链战略目标，推动新一代信息技术与工业化深度融合，培育新业态、新模式，撰写完成了《××市进一步加快软件和信息服务业发展的若干意见》和《××市关于开展引导“企业上云”试点示范工作的指导意见（试行）》，下一步准备启动各部门会签工作，并报请市委、市政府正式对外发布。

（二）以项目为王，打造优质营商环境，

密切跟踪紫光集团紫光云数项目，发扬“马上办、钉钉子”的精神，尽全力为该项目即将在我市建设的××“工业云图”和“工业云”提供最优质服务，下步拟通过我市与紫光云数项目的合作，打造优质营商环境，深化与紫光集团的合作，进一步探讨与紫光集团扩大合作的可能。

××市经济和信息化委员会

2018 年 4 月 7 日